私は、私と私の環境である

アクセス
Harmonate
セキスイハイム セキスイ ツーユーホーム

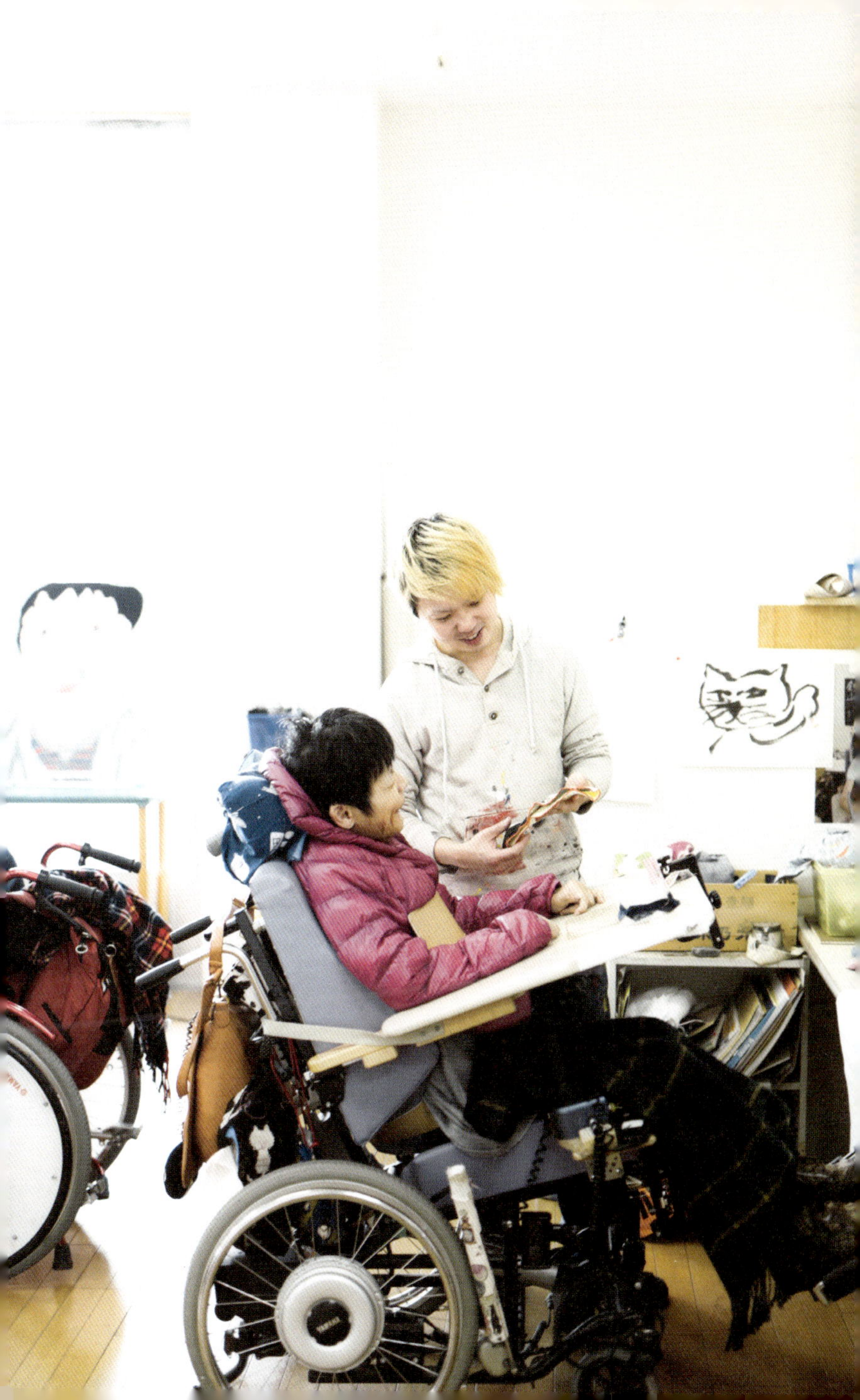

人と人のあいだを生きる

最終講義

播磨靖夫

エイブル・アート・ムーブメント

どく社

はじめに

障害があっても不幸にならない未来を目指して50年あまり。

障害のある人たちの表現と最初に出会ったのは、四国の高松です。およそ55年前、新聞記者として仕事をしていたとき、高松在住の美術評論家が仏生《ぶっしょう》山《ざん》の知的障害のある人たちの施設で開いていた絵画教室を取材しました。

その作品の素晴らしさに目を見張りました。そして「これはいつの日か『今日の芸術』(岡本太郎)になるぞ!」という予感をもちました。岡本太郎は『今日の芸術』という本を発表し、当時学生だった私に大きな衝撃を与えました。

岡本太郎は「今日の芸術は、うまくあってはならない。きれいであってはならない。ここちよくあってはならない」という、爆発的な宣言をしていました。

それからのち、障害があっても不幸にならない未来を目指して取り組むようになってから、障害のある人たちの芸術的才能に着目して新しい芸術運動「エイブル・アート・ムーブメント（可能性の芸術運動）」を提唱しました。

エイブル・アート・ムーブメントは、１９９５年の阪神・淡路大震災をきっかけに生まれた市民芸術運動です。当時の日本は、バブル経済がはじけ、オウム真理教のテロが起こり、成長神話、安全神話が崩壊したころ。失意の底にある日本社会、自信喪失した日本人の精神復興を目指す芸術運動を思い立ち、はじめたものでした。

アートを通して幸福で豊かな生活を営むことは、すべての人の権利である、と考えた私たちは、アートと社会の新しい関係づくりに取り組みました。それは「アートの社会化／社会のアート化」を進めることです。しかし、日本社会には、アートは特別な人がするもの、崇高なもの、むずかしいもの、独りよがりなもの、といった既成概念が強くあります。アートの現場でもハイアート（高級芸術）とローアート（大衆芸術）、またはコミュニティアートの差異は大きく存在しています。この差異を無化するために芸術を再定義するところからはじめたのが、この運動でした。

「芸術とは、個人または集団の、その取り巻く日常的状況をより深く美しいものに変革する行為である」

これは誰もがアートにアクセスできる「ART FOR ALL」という考え方に通じるものです。このような観点から社会から無視されるか、価値の低いものとして扱われてきた「障害者アート」を見直す取り組みを行ってきました。それはアートを介して障害のある人たちの人間としての価値を高めると同時に、社会的イメージを高める、というねらいがありました。

弱者とは？　障害とは？　差別とは？　そもそも人間として生きているということは？　という問いと向き合い、その答えを見つけようと努力を重ねる人たちと一緒に運動を展開してきました。それはまさに「土を耕し、種を蒔き、苗を育て、花を咲かせる」地道な仕事でした。いまや障害者アートは全国的に広がり、そのレベルも飛躍的に高まっています。かつて障害のある人たちのことを「能力の低い人」とみなしてきた社会的障害者観が、「芸術的才能のある人」に変わりつつあるのです。

どんな人でも生きているかぎり、なにかを表現したい、という想いをもっています。それが叶ったとき、幸福だと思うのではないでしょうか。これを「生の実感」と言います。

美術館の大芸術も、日常から生まれる小芸術——障害者アートも、その人の魂に触れるということに変わりはありません。

哲学者のハンナ・アーレントは、人と人のあいだにあることを「生きる」と意味づけました。孤立せず関係性のなかにあることを「生きる」ことだ、と言っています。

私たちの社会は、いま大きく変わりつつあります。そのひとつが「BE（ある）」の価値から「BECOMING（成っていく）」の価値へ転換していることです。それも「CO-BECOMING」が大事だといわれています。「CO」は「共同」または「協働」することです。

「人は人によりて人となる」という言葉があります。他者とともになにかをつくることによって人間の生きる意味を見つけることができるという考えです。

助け合うこと、お互いに思いやること、あらゆる存在が共存的でネットワークのなかで生きている、これこそ人間本来の生き方ではないでしょうか。「いのち」はお互いに栽培し合う存在であるということを障害者アートは教えてくれています。それは人間のあり方、認識の仕方を見直すことにつながるからです。

播磨靖夫

2024年5月

もくじ

どく社編輯室より

「最終講義 エイブル・アート・ムーブメント」は、2023年12月25日に女子美術大学で行われたオンライン講義「宇宙・人間・アート」をもとに加筆修正。その他は、著者が過去に執筆した原稿をもとに再構成しました。転載にあたっては、読みやすくするため数字表記や用語のみ一部統一しています。

最終講義

エイブル・アート・ムーブメント

人の痛みは、制度だけでは救えない

みなさん、こんにちは。いま紹介がありました、播磨と申します。どうですか？　東京はいま寒いですか？　奈良は、京都と同じ盆地で、毎日最低気温が1度とか2度で、大変寒い時期です。今日はわずかな時間ではありますが、我々が取り組んでいる「エイブル・アート・ムーブメント」について、また、ケアについてお話をしたいと思います。

障害があっても不幸にならない未来を目指して、50年やってまいりました。大学を出て、新聞記者として働いていましたが、ちょうどそのころの日本は、高度経済成長期で、豊かな社会を目指してまっしぐらという時代です。

海が埋め立てられて工場団地ができ、野山が削られ住宅団地ができ、新幹線も登場して、移動が便利な社会が実現しました。しかし、社会には光と影があります。影のひとつが、障害のある人たちの問題です。福祉の制度が不十分である。そのうえに偏見差別が根強く、子どもを抱える家庭の経済的負担が大きかったんです。新聞記者としてキャンペーンに取り組みましたが、そのとき、この問題の根本的解決には、日本の社会文化構造を変えないといけないなと思ったわけです。

この50年の間に福祉の制度は改善されて、少しずつよくなってきています。けれども、人の悲しみや苦しみ、痛みというのは、制度やシステムだけでは救えない。制度やシステムから漏れ落ちるものです。それを救えるのが、芸術文化ではないかと思ったわけですね。

どんな人も生きているかぎり、なにかを実現したいという想いをもっている。それが叶ったときに幸福だと思う。「生の実感」を感じたときに、幸福だと思うわけですね。そのためには、アートが可能性をもっていると考えました。

「美は悲しみにあり」

「美は悲しみにあり」という言葉があります。これは、『苦海浄土　わが水俣病』で、チッソという会社の公害問題を追った作家、石牟礼道子さんの言葉です。エイブル・アート・ムーブメントのなかで、悲しみから生まれた芸術を少し紹介したいと思います。

主役は、奥谷晴美さん。重度の知的障害がある方です。身体にも障害があります。たんぽぽの家では、「生きていることが仕事」という人たちのひとりです。音楽が鳴ると、車椅子から立ち上がって踊る、音楽が好きな女性でした。

あるとき、たんぽぽの家で、車椅子に座っている晴美さんに「おっちゃん！」と声をかけられたんですね。晴美さんのところに行くと、頭にヴェールのようなものを被り、お化粧をして座っていました。「きれいやろ？」と言うんです。関西弁で「べっぴんさんやねー」と言うと嬉しそうな顔をしていました。ときどき、たんぽぽの家では、みんなでコスプレをして遊ぶことがあるので、コスプレごっこをしているんだなと思ったんです。

1年後にたんぽぽの家で、また晴美さんが「おっちゃん！　見て！　赤ちゃん生まれた！」と膝の上に持っていた人形を差し出しました。そこで気がついたんです。1年前に花嫁の姿をしていて、その1年後に赤ちゃんが生まれた、つまり出産を伝えようとしている。これは、身近な人が結婚式を挙げ、1年後に赤ちゃんが生まれた、ということを彼女は見ていたのだと思うんですね。しかし、それは晴美さんの現実ではない。そうした晴美さんが見ている世界を、なにかかたちにできないかと我々は考えたんです。

そして、かたちにしたのが、『うまれる』というダンスパフォーマンスです。このパフォーマンスの初演は、兵庫県の芦屋市立美術博物館でした。

即興のダンスパフォーマンスで、晴美さんのほかに、舞踊家の佐久間新さん、即興演奏家でアメリカ人のジェリー・ゴードンさんが出演しています。佐久間さんは、晴美さんのいわばアバターですね。晴美さんの身代わりになっている。

途中で晴美さんが「いち、にぃ」と掛け声をかけるシーンがあるのですが、晴美さんが客席にいるお母さんに気づいて、幼いころ、お母さんと歩行訓練をしたことが彼女のなかに思い出として蘇ってきたようです。小さなころの歩行練習を「いち、にぃ」という掛け声でやった。その掛け声を舞台から聞いたとき、客席のお母さんは思わず「晴美は私の子です！」と大きな声で叫んでいたことが印象的でした。晴美さんの悲しみが、こういう芸術のかたちになったわけです。

パフォーマンスを通して、他者や世界と向き合うことによって、私の物語、つまり奥谷晴美さんの物語が、外へ開かれていき、「私の人間化」が起こったと思うんです。人間というのは、誰でも個性とか、文化とか、役割をもっているわけですね。だから一人ひとりが固有の物語をつむぎながら生きている。そのときに、他者、世界との関わりをもつことによって、人間化が起こる。これが人間として生きるということではないか、と。詩人の谷川俊太郎さんは、「人間とは、常に人間になりつつある存在である」と言っています。

こういう芸術が生まれたのは、スタッフたちの観察力と洞察力と想像力

――もっと詳しく言うと、共感的想像力ですね。それがアート、ダンスパフォーマンスを生み出したと思います。

芸術運動の拠点「アートセンターHANA」

次に、「アートセンターHANA（以下、HANA）」の紹介をしたいと思います。人間がすべてもっている優れた天分を、各々に花咲かせるのが平等というものではないか、多様な場所で花を咲かせる生き方ができる制度や社会のあり方はないものか――このように考えた我々は、2004年にHANAをつくりました。福祉施設のなかに生まれた、日本初の障害のある人のための総合的なアートセンターです。米国や英国を訪問した際、障害のある人、高齢の人たちが表現活動できる場所が地域にあるのを見て、いずれ日本でもこういう場所をつくりたいと願っていました。「可能性の芸術運動」の拠点として、新しい価値を提案する国内外のネットワークの拠点でもありました。

人生はできないことを悔やむよりも、できることに集中することが大事です。それでは、できることに集中する環境をつくればどんなことが起きるのでしょうか。HANAには、絵画、織り、陶芸、書、語り、演劇、ダンス、音楽など多様なプログラムがあり、障害のある人たちはそれぞれに天分を花咲かせています。ここでは個人の尊厳を重んじ、普遍的かつ個性豊かな文化の創造を目指しています。

とりわけ、我々は自己表現だけでなく、コミュニケーションを重視しています。というのは、コミュニケーションは、新しい人間性を育み、他者や世の中とのつながりをつくるからです。豊かな関係性のなかで自分の存在を確認すること、これこそ幸福と考えてきたわけです。

ただ、設立当初は、批判の声もたくさんありました。福祉の現場から、なんでアートをやるのか、余暇の、余技みたいなものをやるのか、と。それよりも少しでも生産性の上がるものを見つけたほうがいい、そのような仕事を見つけたほうがいい、と言うんですね。

このアートセンターをつくるときに、僕のアイデアを後押しした言葉があります。哲学者の三木清の言葉です。

「創造というのはフィクションを作ることである、フィクションの実在性を証明することである」

実社会の人からすると、アートなんてフィクションなんです。でも、フィクションの力をかたちにして見せること、それこそが創造するということではないか、と。「HANA」という名前は、重度の身体障害のあるメンバーの松本圭示さんがつけました。この名前は、世阿弥の言葉にちなみます。

「花の色も皆々異なれども、面白しと見る心は、同じ花なり」

「花」というのは、歓喜を起こさせるもの、というような意味です。このHANAは面白いことをやろう、ということをモットーに取り組んでいます。

僕は福祉の専門家ではありませんけど、スタッフのみなさんにはいつも「障害のあるメンバーを退屈させないでくれよ」と言っています。

オンリーワンの活動が、コンベンションセンターにも

ＨＡＮＡでは、たくさんのアーティスト——もちろん障害のある人です——が活動しています。オンリーワンの人たちが、みなそれぞれ違うことをやっています。そこから、面白い絵がたくさん生まれています。

たとえば、山野将志さん。山野さんは知的障害があります。養護学校（特別支援学校）を出て、たんぽぽの家に来ました。そのころの山野さんは、大声を

出したり、物を叩き壊したりする、非常に攻撃的なところがありました。養護学校にいるときは画用紙に絵を描いていたようです。たんぽぽの家に来て、自由に創作活動をするようになってから落ち着き、熱中して大きな絵を描くようになりました。絵を描くことに喜びを見出してから大変身したんです。生命感あふれる絵は、いまを生きる同時代の表現として注目され、制作依頼がたくさん舞い込んでいます。彼の芸術的才能が開花していくわけです。

初期のころの代表作は、レオナルド・ダ・ヴィンチが描いた《モナ・リザ》に対する、山野君のモナ・リザ。髪の長い女性の絵です。その次に現れたのは、装飾的絵画で、動物のジャッカルなどを描いています。派手なジャッカルですね。

山野くんの最近の一番大きな仕事が、奈良県のコンベンションセンターに飾ってある全長6メートルの巨大な絵画です。この施設は2020年にできました。その正面の空間をどうするか、建設しているゼネコンの人が悩んでいて、HANAに来られたんです。山野君の制作物を見て、ぜひこの空間を埋めてほしい、と。制作費200万円という破格で依頼を受けました。

この絵のテーマは、神饌《しんせん》。神さまへのお供え物のことです。奈良には神社がたくさんありますが、神さまにいろんなものをお供えする。それを、アートにしたわけです。コンベンションセンターですから、お客さまが集まるところです。お客さまは神さまですから、お供えをしてお迎えする、ということで。山野くんの絵は好評で、その後、ラッピングピアノなどいろんなものに展開されていきました。

福岡左知子さんは、知的障害がある人で、織りをやっています。彼女の織りは、〝きれいな〟織りじゃないんですね。本当に生々しい織りをつくります。普通はきれいに織って商品化するということになりますが、彼女の織りは商品にはならない。けれども、なにか魅力のあるものを彼女は毎日一生懸命織っていました。この織りがなんと、京都の着物のファッション雑誌に掲載され、男性のモデルが、彼女の織りを帯にして写っていました。いろんなところで、彼女のアートが利用されています。

すべての人間に眠るアートのDNA

ところで、障害のある人たちのアートと関わるにあたり、そもそもアートというものは、人類の歴史のなかでどこから生まれたのか、いつから生まれたのかが非常に気になって調べたことがあります。

起源は、ネアンデルタール人なんです。5万年前に人類の祖先であるネアンデルタール人が洞窟で生活していたわけですが、その洞窟に壁画を描いた。それがアートの起源である、とされる。それから、アフリカからやってきた我々の祖先、ホモ・サピエンスが、ネアンデルタール人と共存あるいは、交配していくわけです。

ネアンデルタール人は3万年前に絶滅しました。けれども、どうも絵を描いたネアンデルタール人のDNAが、現代を生きる我々のDNAのなかに1〜4%残っているらしい。このことを突き止めたのが、古代人のゲノム解析を行った、スウェーデン人のスバンテ・ペーボでした。この人は2022年に、ノーベル生理学・医学賞を受賞しています。絶滅した人類の進化に関する研究に功績があった、と。どんな人間にも、この絵を描いたネアンデルタール人のDNAがあると知って、障害のある人たちにもそういうDNAがあるんだと確信をもちました。

HANAには、「生きることは表現すること、表現することは生きること」という合言葉があります。

人間というのは、感情の生き物であると言われています。感情の表現というのは、生理や本能のように思われますが、実は文化でもあり歴史でもあるんです。アメリカの作家であり演出家であるスーザン・ソンタグはこういうふうに言っています。

「文化は、人間の尊厳の表現である」

人間の尊厳というのは、かけがえのなさ、ですね。かけがえのない表現である、と。これがアートである、と我々は信じてやってきました。

有名な「世界にひとつだけの花」というヒット曲があります。これは、あちこちで歌われて、紅白歌合戦でも歌われていたように思いますが、そのなかに、こんな歌詞があるのを知っていますよね。

「NO.1にならなくてもいい　もともと特別なOnly one」

HANAの障害のある人たちがまさに、みんな絵を描いたり表現をしたり、オンリーワンなんですよね。本当に楽しい、多様な人たちの表現から非常に面白い芸術が生まれていくということを、我々は日々感じています。

新しい思想としてのエイブル・アート

社会を変えるために、アートの力を借りる、ということを我々はしてきたわけです。ただ、口で言うだけではダメなので、僕は新しい社会運動として、エイブル・アート・ムーブメントを提唱しました。日本語では「可能性の芸術運動」と言われています。

この運動を起こした大きなもとになっている考えは、なんだったか。障害のある人たちは、芸術的才能がない、無力の人たちである、あるいは、無能な人たちである、と、社会のなかではそういう見方がされていました。でも、さきほど申しましたように、人間には芸術的可能性が必ずある。ネアンデルタール人のDNAがある。ちょっとむずかしい言葉で、「人類の芸術的才能の普遍性」と言われますが、それは障害のある人たちのなかにもある。これをどう開花させるか、それに取り組むために新しい芸術運動を提唱しました。

このエイブル・アート・ムーブメントのもとになっているのが、「可能性感覚」という考え方です。これまであるものを絶対視せず、別様もありえると考えることです。オルタナティブな、もうひとつの考え方ということです。

エイブル・アートを提唱した前後の話をしますと、これを提唱したら猛烈な反発というか、批判がありました。「エイブル・アート」は英語としておかしいとか、めちゃくちゃに言われたんです。

ところが、2、3年前ですかね。社会学者の大澤真幸《おおさわまさち》さんと対談する機会がありました。対談にあたって、少し大澤さんの本を読んでおかなくてはと、『社会学史』(講談社現代新書、2019年)というそのころ出版された本を読んだ。その本を読んでいくと、マルクスやフロイトとか、我々が知っている思想家たちは、いろんな概念、言葉を使っているわけですが、それはみんな造語だというわけです。

対談をすると、大澤さんはこう言うんです。「新しい思想には新しい造語が必要なんです」と。だから、みんなつくってるんですよね。そうか、「エイブル・アート」は新しい思想なんだなと自分自身で納得しました。

私は、私と私の環境

では、どのように障害のある人の才能を開花させていくか。若いころに非常に影響を受けたのが社会学者の鶴見俊輔の思想です。当時鶴見さんは『思想の科学』という雑誌を編集していました。自分も『思想の科学』に大変影響を受けました。鶴見さんは、素朴な思想とそれを支える素朴な感性を大事にしようと説かれていたように思います。これも、エイブル・アート・ムーブメントの根底にある考え方です。

鶴見さんは『限界芸術論』のなかで、宮沢賢治の小説『セロ弾きのゴーシュ』の話を引用しています。

セロ弾きというのは、チェロですね。ゴーシュは、まちの映画館で、楽隊のなかのセロを担当している。ところが大変下手くそで、いつも隊長から怒られて、「もっと練習しろ」と言われている。ゴーシュは森の水車小屋で練習をしているのですが、そこへ生意気な猫がやってきてリクエストをするんですね。「こういうのを弾いてくれ」と。その生意気さにゴーシュは頭にきて、ものすごい勢いで演奏をする。すると、猫は耳を塞いで逃げていった。そういう話がまず最初に出てきます。

次に鳥のカッコウがやってきて、「渡りをする前に、ぜひゴーシュさんに音楽を教えてほしい」と。すると、ゴーシュは言うんですね。「お前たちは、いつもカッコウカッコウと同じように鳴いているではないか」と。するとカッコウは、「1万匹いると1万匹の違う鳴き声がある」と言う。それでゴーシュは音楽を教えて、カッコウは旅立つわけです。

そこへまた病気の子どもを連れたタヌキが入ってくる。「音楽が病を癒すと聞いた」と。「ゴーシュさんの音楽を聴くと、子どもが良くなるんじゃないか。ぜひお願いしたい」と言ってくる。で、そのお礼にタヌキのお母さんはお腹を叩いて、リズムの取り方を教えるわけです。こういうふうに森の水車小屋で、いろんな生き物たちから、この環境からですね、音楽の大事なことを学ぶわけです[1]。ついにゴーシュは最後はソロで音楽を披露するような、それぐらいの腕前になったと『セロ弾きのゴーシュ』には書かれています。

私は鶴見俊輔の本をきっかけにこの話を読んで、こう思ったんですね。

私は、私と私の環境である。つまり、才能が開花する、あるいは才能が伸びるためには、すべて私と私の環境が大事であるということです。

『限界芸術論』のなかで鶴見さんは芸術をこのように分類しています。

純粋芸術（Pure Art）
大衆芸術（Popular Art）
限界芸術（Marginal Art）

芸術には3つの分野[2]がある、と。

エイブル・アートは純粋芸術や大衆芸術ではないかもしれないけれど、限界芸術たりうる。鶴見俊輔は同じ本で、宮沢賢治が書いた『農民芸術概論』に触れながら「芸術とは、個人または集団の日常的状況をより深く美しいものに変革する行為である」と言っています。『セロ弾きのゴーシュ』を読んですぐ、『農民芸術概論』も読みました。エイブル・アートの核になるものが、そこにあったんです。エイブル・アートはこの「状況を変えていく」ということに力を入れてやってまいりました。目指すところは、「アートの社会化／社会のアート化」です。

アートは、美術館の占有物ではない。美術館にある大芸術も日常から生まれた小芸術も、人の魂に触れていくことには変わりない。これが、宮沢賢治が『農民芸術概論』で言っていることです。

宮沢賢治と僕が結びついたのは、実は趣味の領域です。宮沢賢治は若いころから「石ころけんちゃん」と呼ばれて、石のコレクションをしていました。実は私も小学生のころから石のコレクションを趣味としていました。父親の出張のお土産はその土地の石ころでした。石ころつながりで宮沢賢治を非常に親しく思った記憶があります。

少し飛躍しますが、エイブル・アートに取り組むときにいつも僕の考えていることは、「ラディカルに考え、リアルに実践する」ということ。ラディカル、つまり根源的。ラディカルは、実はマージナルにあるということを僕は取り組んできて思うわけです。中央に、真んなかに根源的なものはない。それよりも、マージナル、端っこ、周縁という言葉で表現されますが、周縁に根源的なものはある。それを見つめてリアルに実践するということが非常に重要であると考えています。

エイブルアート・カンパニー

エイブル・アート・ムーブメントのなかでも、柱となる取り組みのひとつが、「エイブルアート・カンパニー」[3]です。ここでは、芸術性の高いアートだけではなくて、デザインとして使うことで生かされるアートもデジタル上で登録して、使いたいと思うデザイナーや企業の人たちにデザインとして使ってもらっています。そしてその利用に応じて使用料を支払ってもらい、作家に渡していくという仕組みをつくりました。

いま登録作家は118人、登録作品は1万を超えています。展示やメディアなどで我々が作品に出会う機会の少ないような、福祉施設に在籍していない人も多く登録しています。将来的には、そんな人たちのデジタルコミュニティ、アートの共同体をつくる、というのが僕の夢なのですが、まだ実現していません。

エイブルアート・カンパニーでは作品の仲介だけでなく、企業とアーティストがともにプロジェクトをつくり仕事を生み出すことも行っています。

活動を進めるなかで、障害のある人のアートをなんとかデザインとつなげたい、と考えていました。伊勢丹新宿店メンズ館に話を持ち込んだところ、メーカーに呼びかけて取り組んでくれたのが、男性用のパンツですね。派手なデザインなので、どうなのかなと思って、「売れてますか?」と尋ねたら、担当者は「いいですよ、完売です」と言うんです。どういう人が買っているのかなと思ったら、「男性へプレゼントする人が多いです」と。

靴下メーカーTabioとの協業も生まれています。奈良県は地場産業が靴下産業なんです。中国の安い靴下に押されて、苦しい時期があったのですが、Tabioの社長さんと会長さんが障害のある人のアートを生かしたらどうか、と。非常にユニークな、面白い、ファンキーなというか、そういう靴下が生まれました。

こうした流れが加速すると、障害のある人たちのアートが、「余暇活動」から「仕事」につながっていくんですね。それが、若い人に非常に人気があって、ベストセラーになりました。障害のある人たちのアートが、デザインのなかで生きてくるのは、のちほど触れる「不完全性」があるからなんですね。完全なものは生かしにくいけれども、実は不完全であると想像力が過剰に掻き立てられるということなんです。

アート×デザイン×しごと
Good Job! センター香芝

2016年には、奈良県の北西部、大阪から1時間ばかりの場所に、「Good Job! センター香芝（以下、GJ！センター）」をつくりました。「HANA」は身体、あるいは知的、精神に障害のある多様な人が来ていますが、ここは精神に障害のある人や発達障害のある人が多く利用しています。ここの特色のひとつは、新しい技術ですね。従来の技術にプラス、3Dプリンタやレーザーカッターなどのデジタル工作機やIoTという、新しい技術を取り込んで、ものづくりをしています。

GJ！センターを設計したのは、o+hの大西麻貴さんと百田有希さんで、非常に若い建築家です。彼らの設計テーマは、「愛される建築」。もっとわかりやすく言えば、ものに生命を授ける仕掛けをつくるということですね。

ＧＪ！センターは、大西さんと百田さんがはじめて手がけた公共的な建築で、奈良県景観デザイン賞の知事賞・建築賞をはじめ、さまざまな賞を受け、大変注目を集めています。たくさんの人が見学に来て、地域の人との交流も盛んに行われています。

この場所をつくるきっかけとなったのは、２０１２年から取り組んできた「Good Job! プロジェクト」。Good Job! プロジェクトは、障害のある人と協働し、新しい仕事・働き方を生み出すことで、生活や社会にある障害を取りのぞき、一人ひとりが誰かとつながりながら個性や能力を発揮できることを目指す取り組みです。グッドデザイン賞の金賞ももらいました。

ユーモラスな張り子を3Dプリンタで

ＧＪ！センターの看板商品は、張り子です。張り子と聞くと昔ながらの民芸品をイメージするかもしれません。しかし、ＧＪ！センターの張り子には、昔ながらの手仕事と新しいデジタル機器の技術が詰まっています。張り子の木型をつくる職人が減ってしまい、奈良県内で新しい型をつくることが困難ななか、３Ｄプリンタで出力した、新たな「型」が誕生しました。

この新しい張り子の開発は、古い歴史をもつ地元の中川政七商店からの依頼がはじまりでした。そのとき、つくられたのが「鹿コロコロ」です。昔ながらの奈良のお土産の、ビニール製の車輪がついた鹿の玩具がモデルです。これは大変なロングランのベストセラーですね。

また、ＧＪ！センターのカフェの人気メニューをモチーフにした張り子「Good Dog」も人気ですね。犬がソーセージを背負っている、非常にユーモラスなヒット商品です。コロナ禍には、アマビエという魔除けの張り子が生まれたり、さまざまな展開を見せています。

愛と祈りの継承
NEW TRADITIONAL

GJ！センターで取り組んでいるプロジェクトのひとつが「NEW TRADITIONAL」。我々は「ニュートラ」と呼んでいます。ものづくりの継承と感覚の継承が、主な取り組みの柱です。現代のものづくりには、大量生産・大量消費・大量廃棄という側面もあります。昔の伝統工芸には、愛と祈りがありました。愛と祈りから生まれている伝統工芸がいっぱいあります。その感覚も継承しようじゃないかと、感覚の継承に取り組んでいます。

そのひとつが、「たたいて　みがいて　つくる木の仕事シリーズ」。石で木を叩くというプロジェクトです。伝統的な木工は、綺麗に面をとって、スムーズなかたちにするものですが、ＧＪ！センターの木工は、木の板に石を打ちつけて、でこぼこをつくって仕上げていくという手法で木工作品をつくっています。これがなんと工芸都市・高岡、富山県の高岡市のクラフトコンペティションの準グランプリをとりました。大変ユニークだということですね。80万円くらいの賞金が出たということで、これをつくったＧＪ！センターのメンバーとスタッフが表彰式に駆けつけて、記念写真を撮っていました。

アートの社会化／社会のアート化

これまで紹介してきたのは、「アートの社会化／社会のアート化」の実践です。このときのアートは、専門分野のひとつということではなくて、さまざまな技術を組み替える「メタ技術」であるということです。

たとえば張り子は、本来、木型をつくって和紙を貼って作品をつくるわけです。それを3Dプリンタなどを使えば簡単にできる。それを生かして、いろんな作品をつくっているわけです。最近では、無印良品から毎年干支の注文をもらって、障害のあるメンバーやボランティアの人たちが制作しています。

これまでテクノロジーというのは、産業と軍事につながって発達してきました。でも、これからは、そうじゃないんじゃないか、と。テクノロジーは、アートとケア――最近の表現ではウェルビーイングかもしれませんが――で発達していくべきだと我々は考えています。

また、テクノロジーは、アートとビジネスとも密接な関係にあります。たんぽぽでも、GJ！センターを中心に、アートとビジネスの両輪で実践を行っています。

障害のある人のアートをどう見るか

障害のある人のアートに対してはさまざまな見方がありますが、僕はこういうふうに考えています。

哲学者ハンナ・アーレントは、人と人のあいだにあることを「生きる」と意味づけています。障害のある人のアートの最大のポテンシャルは、現在生きている人間たちへ、生きる意味を考えさせるきっかけを与える、ということではないかと思うのですね。人が芸術を感じ、芸術を生きる手立てとできる環境をつくっていくこと、心の拠りどころになる場をつくること。そういうことを目指すことが非常に重要ではないか、と思うのです。

障害のある人のアートの魅力は、本当に多様ですけれど、①親和性、②両義性、③呪術性、④不完全性というキーワードで語れると思います。

ひとつは親和性。親和性というのは、どこの環境でも障害のある人のアートは負けない、馴染んでいくということです。たとえば、大阪のメインストリート、御堂筋にある難波神社の境内で、障害のある人たちが絵馬を描いて、飾ったことがありました。白い天井や壁のあるホワイトキューブのような場所にしか飾れないというのではなくて、障害のある人の絵は非常にエネルギーがあるんです。大阪の難波にある百貨店、高島屋大阪店では、2011年のグランドオープンに際して、ショーウインドウに山野将志くんの絵を飾ってくれました。華やかなアートの力を発揮しています。その後、高島屋大阪店は、障害のある人のアートの展覧会を開催して、いわゆるマーケットをつくりたいと一生懸命販売の機会をつくってくれています。

次に、両義性です。澤井玲衣子さんは、知的障害があり、身体にも少し障害がありますが、小さいころからピアノを習っていました。その習っていたピアノをテーマにして絵を描いています。その絵には、指や鍵盤、そして細い線がある。細い線は銅線なんです。一見抽象画のようにも見えますが、具象でもあるわけです。こういう抽象と具象が両方あるというのは、しばしば、ほかの障害のある人の作品のなかにもあります。

呪術性の好例は、エイブルアート・カンパニーのところで話した男性用パンツや靴下です。不思議と心を掴むのが障害のある人のアートがもつ呪術性ですね。

そして、最後に不完全性。民藝運動を興した柳宗悦が良いことを言っているんですね。

「たとえ拙くとも拙いままに美しくなるような作であってこそよい。不完全を厭う美しさよりも、不完全をも容《い》れる美しさの方が深い」（柳宗悦『美の法門』）

我々は完璧なものを目指しがちですが、完全が本当に良いのか。不完全なものに深いものを読みこんでいくというのが非常に重要ではないのか、と考えています。

人間はつながりのなかに生きている

では、障害のある人のアートを推進していくことには、どのような意味があるのでしょうか。

まず「生きる意欲」ですね。冒頭で、どんな人でも生きているかぎりなにかを実現したいという想いをもっている。それを叶えたときに幸福だと思う。つまり幸福とは、生きていることを実感することである、と少しお話ししました。無力であり、「なにもできない人」だと思われていた人たちが、絵を描くことで、ものすごく生きる意欲を掻き立てられていく。

次に、「癒し」です。彼らにも当然心のなかに痛みとか、苦しみがある。絵を描くことによって、それを自ら癒しているところがあります。そして、表現がまた他者を癒す。癒し効果がある。病院やクリニックで障害のある人の絵を飾ることが最近増えてきています。また、病気の人へ障害のある人の絵を贈るということもよく聞きます。癒しがあるということです。

そして、「世界への糸口」。ここで言う世界というのは、韓国、中国、アメリカとか、あるいはヨーロッパとか、そういう世界ではなくて、人と自然と神が一体となっている世界のことです。そういう世界があるわけですね。今日のテーマにもなっている、宇宙があるということです。表現されたもののなかに人・自然・神に通じる糸口がある。障害のある人たちのアートのなかには、本当にそういうものが秘められていると思います。

最後に、「NO ART, NO LIFE」、アートは人生に不可欠であるということ。「なにもできない人」と言われた人たちが、アートに取り組むことによって、新しい人生を受け入れられていく。アートは人生に不可欠であるということを、ＨＡＮＡやＧＪ！センターでよく見ています。

障害のある人のアートの活動をするなかで、「私は、花を見る」と同時に、「花は、私を見る」という視点の重要さに気づきました。つまり、「私は、障害のある人の表現を見る」と同時に「障害のある人の表現は、私を見る」ということ。これは実は、古来から伝わる、日本人の美意識ではないかと思うんですね。自分のなかに他者を見る、他者のなかに自分を見る、じっと入れ替わっていく。そういうなかで生命の姿を見ていくということ――わかりやすく言えば、すでにあるつながりのなかに自分がいたことに気づいて、気づいたときに心が変わりはじめる。自他を考え直すきっかけになるということですね。自他を超えたところに見る生命の姿、人間はつながりのなかに生きているということにみんな気づくということです。これは障害のある人たちの作品のなかに、ものすごく気づく、感じることでもあります。

自ら額に汗して状況をつくる――企業との協働

僕を50年間ずっと支えている言葉のひとつに、「池つくりて月自ずから来る」があります。池をつくれば、天に輝く月が水面に映るということです。つまり、額に汗して自ら池をつくっていけば、月はそこへ映るということです。「月」は、「運」とも言えるでしょう。状況がないからなにもできないと、みな泣き言をよく言いますけれど、自ら額に汗して変わりうる状況をつくっていけば、自ずから良い運がやってくる。

僕がこういう活動をはじめると、さまざまな企業が応援してくれました[4]。はじめてすぐのころ、応援してくれたのが、バブル時代の社会貢献を見直していたトヨタ自動車です。そして、新しい視点で障害者アートに取り組む「トヨタ・エイブルアート・フォーラム」がはじまりました。7年間34都市で63回開催したフォーラムは「土を耕し、種を蒔き、苗を育て、花を咲かせる」

協働のプロジェクトでした。今日の障害者アートの盛り上がりは、これがきっかけと言っても過言ではありません。

トヨタ自動車につづき、さまざまな企業が支援してくれました。そんななか、一緒になにかできないかと声をかけてくれたのが、明治安田生命でした。そこで「エイブルアート・オンステージ」と題して、ダンス、演劇などの取り組みを提案しました。「エイブルアート・オンステージ」は、障害のある人とプロフェッショナルの協働プロジェクトで、5年間で33団体が多様な舞台表現をつくり上げました。プロ・アマを超えた協働は、援助する者が援助され、援助されるものが援助する、という関係性の反転が起こり、そこから新しい人間観、世界観が生まれてきました。

近畿労働金庫とは、20年間、「エイブル・アート近畿 ひと・アート・まち」という取り組みをつづけています。障害のある人たちのアートを軸にしてコミュニティの再生をやろうということで、近畿2府4県をぐるっとまわりました。アートを生活に近づけることによって、人と人がつながり、コミュニティが再生する――ソーシャルインクルージョンを絡めた新しいかたちのまちづくりでもありました。これはメセナアワードの文化庁長官賞をもらったのですが、障害のある人のアートが軸になって、コミュニティが再生、地域が再生していくということです。非常に実験的なことをやらせてもらえたと思っています。

「ひと・アート・まち」から生まれたアイデアのひとつに、「プライベート美術館」があります。これもまたユニークな取り組みで、障害のある人たちの絵のお見合いのようなものです。お見合いをする相手は商店、あるいはレストランやカフェのオーナーたち。彼らが障害のある人たちの絵を自分で選んで、持ち帰って、一定期間飾るというプロジェクトです。自分で選ぶというのが大事なところで、「この絵はいい絵ですよ」とか「有名な人ですよ」とか誰かがほめたから選ぶわけじゃなくて、商店の人が自分が気に入ったものを持ち帰って飾る。すると、そこに会話が生まれるわけですよね。「面白い絵を飾ってますね」「これは障害のある人の……」と、そこからいろいろな話が生まれる。また、マップを毎年つくっていますが、このお店がどういうふうで、売りはなにかも書いてあって、ツアーができるようになっている。ならまちという古いまちを中心にずっとつづけています。

自分の感性で作品を選ぶということが非常に大事です。有名な人とか、美術評論家たちがいいというからいいのではなくて、あるいは、高い値段がついているからいいのではなくて、自分の感性で作品を選んで、それで一人ひとりがアートを愛でる。それによって輪ができていくということが、コミュニティを再生するうえで非常に大事ではないかと思います。

和歌山県の駅前の商店街では、地元の子どもたちと一緒に商店街を盛り上げようとワークショップも行いました。和歌山は海の県ですから、子どもたちと大きな魚を描いて、このまちを彩っていく、という試みでした。障害のある人の作品も一緒に展示していました。

このようにまちに出ることで、運が舞い込んでくる。これは我々が活動をするなかで支えになっている考え方です。自ら努力することで、自ずから運が舞い込んでくるわけです。

社会を動かす7つのP

僕の社会運動のノウハウを少しお話ししますと、大きなことは最初からはできないので、小実験をやったほうがいいと思うんです。まず考えることは、「Poem（ポエム）」。ロマン、つまり夢ですね。次に、「Planning（プランニング）」「Presentation（プレゼンテーション）」「Partnership（パートナーシップ）」「Practice（プラクティス）」「Progress（プログレス）」「Passion（パッション）」です。

まずは、やっぱりロマンが必要だということです。そして、どういうふうに計画を立てていくか。それを多くの人たちにプレゼンテーションをしていく。支援者とか、協力者とかに対して、ですね。そうすると、パートナーシップ、協働関係が生まれてくる。そして、プラクティス、実行ですね。実際にやってみる。で、プログレスは発展。どういうふうに発展させていくかということ。最後はパッションです。

スタッフにもよく言うんですね。「ロマンチシズムを追求しながら、リアリズムに徹しなさい」と。「これがあったらいいな」と、ただ夢を語るだけじゃなくて、リアルにやりましょうということです。そのときに、さきほど言った7つが非常に重要ではないかと思っています。

「アートは、概念を壊す」

「アートは、概念を壊す」。これは昨年亡くなった音楽家・坂本龍一さんの言葉です。NHKの特集番組で出てきました。坂本龍一さんとは、2010年の文化庁の芸術選奨を一緒にもらっています。大変名誉なことです。

ちなみに、余談にはなりますが、2022年は文化功労者に選定されました。そのときはユーミン(松任谷由実)さんが僕の隣に座っていました。あいうえお順で、は行の次は、ま行ですから。やっぱり有名人ですから、テレビなんかはユーミンさんを映すわけじゃないですか。すると、なぜか僕も映り込んで、エレベーターで乗り合わせた近所のおばさんが、「お宅、テレビ出てましたね」なんて言うんですね。なんとよく見ている人がいるなと感心しました。

さて、「アートは、概念を壊す」というのは、今日話してきたことに通ずることですよね。つまり、福祉やアートの古い概念が変わってきているということですね。いまでは厚生労働省や文化庁をはじめ各省庁が障害のある人のアート活動支援も振興して全国に普及するように動いています。企業も障害のある人のアートをどう事業のなかで位置づけたらいいかと考えている。

しかし、そのなかで、一番堅いのが美術界ですね。アートは旧来の構造で認められること、という人が、美術界ではまだまだ多い。それがエイブル・アート・ムーブメントにとっては一番の壁になっています。そういうものを少しずつ壊していく。アートは素晴らしいということを誰もが共有できる社会が出来つつあるんじゃないかと思います。

宇宙は故郷である

最後になりますが、詩を朗読したいと思います。宇宙についての詩です。

宇宙は故郷である。
なぜなら、宇宙はわたしたちに愛されており、
宇宙は美しいからである。
宇宙は、この世でわたしたちのただひとつの故郷である。
（『神を待ちのぞむ』）

これは、フランスの哲学者シモーヌ・ヴェイユが宇宙について書いた詩です。宇宙はアートと置き換えてもいいと思うんです。障害のある人たちのなかに、目のなかに、宇宙があります。また、その宇宙を我々はともにしていく。それが、我々の生きる感性も大きく変えていくんじゃないかと思っています。長くなりましたが、話を終わりたいと思います。ありがとうございました。

1．このようにシロウト趣味人が、限界芸術家に変貌するきっかけは、職業芸術家の模倣からはなれて、自分の身近にある環境そのものの中に芸術の手本を発見することからくる。（鶴見俊輔『限界芸術』58頁、講談社学術文庫、1976年）

2．今日の用語法で「芸術」とよばれている作品を、「純粋芸術」（Pure Art）とよびかえることとし、この純粋芸術にくらべると俗悪なもの、非芸術的なもの、ニセモノ芸術と考えられている作品を「大衆芸術」（Popular Art）と呼ぶこととし、両者よりもさらに広大な領域で芸術と生活との境界線にあたる作品を「限界芸術」（Marginal Art）と呼ぶことにしてみよう。（鶴見俊輔『限界芸術』13頁、講談社学術文庫、1976年）

3．2007年より一般財団法人たんぽぽの家（奈良）、NPO法人エイブル・アート・ジャパン（東京・宮城）、NPO法人まる（福岡）が共同で運営。登録アーティストは全国公募により選考し、作品をデジタル化して管理。著作権のマネジメントやクライアントの企業との共同プロジェクトを行っている。

4．エイブル・アート・ムーブメントは、たんぽぽの家が関西電力、大阪ガス、パナソニックなどの関西の企業の応援を受けて始動。展覧会やシンポジウム、書籍の刊行などを展開した。その後、日本障害者芸術文化協会（現特定非営利法人エイブル・アート・ジャパン）と連携し、公募展や人材育成事業などを展開した。エイブル・アート・ジャパンが企業と連携した主なプロジェクト：「トヨタ・エイブルアート・フォーラム」（トヨタ自動車株式会社／1996〜2003）「エイブル・アート・ワークショップ」（富士ゼロックス株式会社／1997〜2007）「エイブルアート・オンステージ」（明治安田生命保険相互会社／2004〜2008）「エイブル・アート・アワード」（大成建設株式会社や花王株式会社、ターナー色彩株式会社など、多数の企業からの寄付により運営／1998〜2018）

可能性の芸術論

2

今、新しい芸術が求めているのは、
装飾的にただ美しいという視覚の美ではない。
時空を超えて人間の永遠性につながるもの。
人間がそれを受けると希望があたえられる、
まさに元気のでるような美である。

『ABLE ART　魂の芸術家たちの現在』（財団法人たんぽぽの家、1996年）

「魂の芸術家」たちのアートと生命をおりなす新しい芸術運動

心の不思議なはたらきを表現

ほんとうは、この世界はそうとう光に満ちあふれているにちがいない。変容の魔術で色彩が豊かに輝いている「魂の芸術家」たちの絵画のように。ほんとうは、この世界はたった今かたちになったばかりにうるうるとしているにちがいない。生命のぬくもりが感じられる実在感あふれた「魂の芸術家」たちの造形のように。けれども、普通の人間にはそれが見えない、それが感じることができない。わたしたちの心の海にひびくアート。わたしたちの心の森にこだまするアート。わたしたちの心の宇宙にとどくアート。時空を超えた宇宙観にもとづくアートが、今ほど求められているときはない。生命の衰弱した現代空間には、魂に躍動をあたえ感性の復権をもたらす、生命をおりなす新しい芸術運動が必要になっているからだ。

生命をおりなす芸術運動を最初に試みたのは、心の宇宙を表現した芸術家、宮沢賢治ではないだろうか。その世界はいつも新しく、渇きを癒《いや》す水のごとく愛されているが、宮沢賢治は「修羅」を生きた人であった。普通の人間なら、お金儲けにあくせくしたり、出世を気にしたり、名声を望んだりする。ところが、そういう欲望と次元のちがうところから発想し行動した。そして、人間の欲望や人間の悲しみの葛藤の泥沼から美しい花を咲かせた人であった。

仏教で「修羅」というのは、人間の下にあるもの、という意味になる。深層心理学でいうところの、自我にたいする無意識みたいなもの、つまり深層でおこる心の不思議なはたらきである。それをユングは「魂」と呼んでいるが、その心の不思議なはたらきを抑えつけるのではなく、活かしていこうとするのが「修羅」を生きることであった。

このような生き方は人間の生を豊かにする。人間として面白く生きることにもなる。その生涯を「でくのぼう」として生きた宮沢賢治は、「修羅」という中心から外れた存在であったがゆえに、「わたくしといふ現象」、つまり「魂」の現象がよく見えていた。そして、人間をつき動かしている「魂」のはたらきを生き生きとしたイメージで表現した。

宮沢賢治と同じように障害をもつ人たちもまた、中心から外れた存在であるがために、普通とはちがう次元の世界が見えるし、感じることができる。そして、心の不思議なはたらきにつき動かされて表現する。わたしたちが提唱している「エイブル・アート・ムーブメント（可能性の芸術運動）」が、そのような創造活動をする障害をもつ人たちを「魂の芸術家」と名づけたのも、彼らが西洋近代の思考の枠では定義しきれない「魂」の現象を表現していることに気づいたからだ。

心に優しくふれてくるアート

このような「魂の芸術家」たちが生みだすアート、つまり人間の心の不思議なはたらきによって創造されるアートが、見るものの心に優しくふれてくるのはなぜだろうか。そして、忘れていた何かがこみ上げてくるのを感じさせるのはなぜだろうか。

それは、かつては存在し、そのものを体験しながら、今は失われてしまったものがあるからだ。この失われたものは、なお記憶のなかにとどまっているものもあれば、すでに無意識のうちに埋没してしまったものもあるが、それを呼び覚ますような刺激にあうと懐かしさをともなってよみがえってくるのである。

それはまた、もともと人間がもっていて、近代化や社会化のプロセスで失ってしまったものといってよい。それを「魂の芸術家」たちは、ときには過剰なまでの豊かさで、ときには極端なまでのシンプルさで暗示してくれる。だからこそ、わたしたちは、そのアートを学びそのアートに親しむことに大いなる歓びを感じる。

わたしたち人間はさまざまな可能性をもって生まれてくる。なかでも普通の人間とは次元のちがう可能性をもった人もいる。共感覚という能力もそのひとつである。共感覚というのは、音を聴くと色彩や情景を思い浮かべたり、生き物と交感できるような特異な感覚のことである。心の宇宙を表現した宮沢賢治も、このような共感覚という能力をもっていたといわれる。

このような能力は西洋近代文明に汚染された大人にはまれだが、文明におかされていない未開人や子どもにも見られるものである。それは人間の感覚が五感として分化する以前の未分化な感覚である。宮沢賢治のような天才、文明におかされていない未開人、子どもたちは感度が高いため、感覚がおたがいに通底して生じるものだといわれている。

今から25年前のことだが、そのような能力をもつ絵の天才にであったことがある。山村昭一郎という知的に障害がある人で、チョウチョウ、トンボ、カブトムシ、カエル、リスといった小さな生き物ばかりを30年来描きつづけていた。

　小さな生き物の絵を描きだしたのは、小学校に入学した11歳のときだった。教室を飛びだしてチョウチョウやトンボを追いかけたり、小さな生き物になみなみならぬ興味を示すのを見て、担任の先生が画用紙をあたえたのがはじまりだった。彼が知っている昆虫の数は、ざっと2000種類、そのうち200種類を野原で生きている姿そのものに生き生きと描くのである。それもそのはず、彼は小さな生き物と同じ世界に住み、交感する能力をもっていたからである。

　このような知的に障害をもっているが、音楽や絵画などに特異な才能を見せる天才をイディオ・サバンと呼んでいた。特異な天才画家として注目されていた山下清と同じころにその才能を発見されたが、彼の場合、その特異な才能を「売り物」にしなかったため、一部の人たちだけに知られた存在として生涯をすごした。

だが、このような能力は決して特異なものではない。わたしたち人類は原始の時代から、人間と動物が境を超えて交感したりするアニミズム的な世界、山川草木全体が生き生きと交流するアニマティズム的な世界を体験してきた。また、個人の歴史のなかでも日々新しい発見をしている子どものころに体験してきた。

誰もが特別の芸術家になれる

特異な才能に見られるすごくおもしろい感覚は、わたしたち凡人を超えたところがあるが、だからといって、特別の存在というわけではない。

むしろ、人間として本来あるべき可能性を暗示する、ありうべき人間の原像を示す存在と考えたらよいのではないか。

　この世界には四季おりおりの花を見て心から感動できる人と、そんなものはまったく目に入らない人がいる。人間としてどちらの欲望が健全かというと、咲きそろう花を見て幸福になれる人のほうではないだろうか。そして、そのときにおこる心の不思議なはたらきを自分の世界にとどめないで、想像力の世界にむけられる人が「芸術家」になれるのだ。つまり、特別の人間が芸術家になれるのではなく、人間として生まれもった可能性を十分に花開かせることによって、誰もが特別の芸術家になれるのである。

　宮沢賢治もそう考えた。その『農民芸術概論』のなかで、「誰人もみな芸術家たる感受をなせ／個性の優れる方面に於て各々止むなき表現をなせ／然もめいめいそのときどきの芸術家である」と書いている。

その芸術論によれば、芸術をつくる主体は、芸術家ではない一人ひとりの個人、芸術家らしくないなんらかの生産的活動にしたがう個人であった。そして、芸術とは主体となる個人あるいは集団にとって、それをとりまく日常的状況を状況をより深く美しいものにむかって変革する行為であった。したがって、状況の内部のあらゆる事物が、新しい仕方でとらえられ、価値づけられることを通して芸術の素材となる、と考えた。

『セロ弾きのゴーシュ』という物語に、その考えがよく表れている。主人公のゴーシュは、町の映画館で楽隊と一緒にセロを弾いている素人音楽家である。その演奏があまりにも下手なので、みんなに馬鹿にされ、しょげかえる。田舎のあばらやに帰り、そこにやってきた猫、かっこう鳥、狸の音やリズムに聞き入るところから、新しいきっかけをつかんで、ついには名人となる。「職業人として芸術家になる道をとおらないで生きる大部分の人間にとって、積極的な仕方で参加する芸術のジャンルは、すべて限界芸術にぞくする」という『限界芸術論』を発表した鶴見俊輔は、『セロ弾きのゴーシュ』を例に引いて、素人音楽家が限界芸術家に変貌するきっかけは、職業芸術家の模倣からはなれて、自分の身近にある環境そのもののなかに芸術の手本を発見することから、と次のようにのべている。

「ひとりが急に芸術家のやっているようなことをまねしてみたくなる。下手であってもわらってはいけない。そばのみんなが助けてやるべきだ。そうして一生懸命練習しているなかで、彼が表現しようとしている別のより深い音楽をきいてやるのがよい。こうした見方、きき方、解釈をとおして、シロウト芸術もまた新しく変貌する」（『限界芸術論』）

かつてビートルズがリズム・アンド・ブルースのコピーをやめ、「君も自分の歌いたい歌を、自分の歌いたいように歌えばいい」と、時代にむけて新しい音楽言語でみずからのメッセージを送りだしたことを思ってほしい。

このような限界芸術は、純粋芸術（Pure Art）、大衆芸術（Popular Art）よりもさらに広大な領域をもち、芸術と生活の境界線にある周縁芸術（Marginal Art）といえる。この周縁芸術は、地上にあらわれた芸術の最初のかたちでもある。純粋芸術、大衆芸術を生む母体でもある。まさに芸術の生命の源であるのだ。このような生活様式でありながら、芸術様式でもあるような両棲的な位置をしめる周縁芸術に新しい評価をあたえることは、現代のアートに重大な意味をもつことになる。

人間に希望をあたえる新しい芸術

これまで「魂の芸術家」たちがつくる、いわゆる、「障害者芸術」は、福祉というフィルターをとおして見られるため低い評価しかえられなかった。現代のアートからはまったく無視されるか、特殊なポジションしかもらえなかった。しかし、現代のアートが生命力を失いつつある現在において、始原のエネルギーに満ちあふれた「障害者芸術」を新しい視座で評価し、生命をおりなす新しい芸術運動として発展させていこうというのが、わたしたちの「エイブル・アート・ムーブメント」の提案である。

障害をもつ人たちにも、笑いや悲しみといった感情表現をふくめて、さまざまなかたちで自己表現したい欲求はある。それは他人から認められたい、多様な世界を自分のものにしたい、他人と共通の世界をもちたい、という欲求でもある。その自己表現の仕方も、生の衝動というべき激しさ、あるいは生々しさをともなうことが多い。それはまた、生のエネルギーの解放でもあり、自己の癒しとなってゆくのである。そして、自己の癒しを超えて他人の癒しとなったときに「魂の芸術家」たちのアートに可能性が生まれてくる。

このようなアートにたいして、これまでの「芸術鑑賞」のありかたを変えなければならない。これまでだと、誰が描いたのか、何が描いてあるのか、いかに描いてあるのかが観者の重大な関心事であった。もちろん、それらも重大なことにちがいないが、これからは誰がどのように見たのか、という問いがますます重要になってくると考えるからだ。

たとえば、絵画の場合、一方に壁にかかった額縁の絵があり、他方にそれを見る鑑賞者がいる。これまでは、そのような絵と人間の一方的な関係でアートは成り立っていた。しかし、わたしたちは作者と観者の「魂の対話」を重視し、「鑑賞から観照へ」というキーワードで作者と観者の新しい関係性を提案している。

さらにいえば、個人的な観者の眼によって「所有」されるよりは、不特定の人びとによる身体的な「参加」をうながすようなもの、いいかえれば、視覚に訴えるよりは触覚に訴えるといったほうがよさそうな、物質と無意識の世界のあいだに動く不可思議な力を新たな方向としているのである。

いつのまにか、わたしたちの世界は無機質なものにおおいつくされ、人びとは生気の失った狭い感覚の世界に閉じこもるようになってしまった。宮沢賢治は、その宇宙観がもっている方法論で表現することによって、近代人が閉じて久しい「知覚の扉」を解放した。一方、「魂の芸術家」たちは、これまでのアートの認識と思考の方法論だけではないちがう方法で表現することによって、さびついた人びとの「感性の扉」を解放し、その魂に新鮮な息吹をあたえようとしている。

今、新しい芸術が求めているのは、装飾的にただ美しいという視覚の美ではない。時空を超えて人間の永遠性につながるもの。人間がそれを受けると希望があたえられる、まさに元気のでるような美である。そのような新しい芸術の美を「魂の芸術家」たちのアートは表現しているのである。

＊『ABLE ART　魂の芸術家たちの現在』（財団法人たんぽぽの家、1996年）より転載

創造性──クリエイティビティで重要なのは三つ。
一つは、異なったものから学べ。
もう一つは、異なったものへ持ち込め。
さらにもう一つは異なったものを結合する。

『生きるための試行　エイブル・アートの実験』
（フィルムアート社、2010年）

本来、日本人は心の痛みを美によって
つつみ込んでしまう文化を持っていた。
真珠貝が突き刺さるものを
粘膜で丸くおおってしまうように。
そうした日本人の美意識は
経済成長をめざすなかで消えてしまった。

『大阪保険医雑誌』
（2012年5月号）

人びとが数で一括りにされるところに
多様性はありえない。
人はその個別性においてこそ輝く。

『ソーシャルアート　障害のある人とアートで
社会を変える』（学芸出版社、2016年）

「美しいが、何かが過剰だ」

『アートリンクプロジェクト２００９　関係のドローイング』（京畿文化財団、２００９年）

アートリンクから生まれる生命の新しいかたち

芸術の喜びを実感できない時代

日本のアートシーンは、商業主義に支配され、大がかりな「見世物」と化している。その一方で〝閉じこもり〟現象が進み、一部の人たちの「専有物」と化している。今まで見たこともないものに出会えた〝驚きと感動〟が、今日の芸術からなくなっている。そのように感じているのは、私だけではあるまい。

障害のある人たちの表現に初めて出会ったときの〝驚きと感動〟は今も鮮明に覚えている。それは上手・下手とかきれい・きたない、を超えた始原のエネルギーに満ちた表現であった。「美しいが、何かが過剰だ」という強烈な印象をもった。この〝過剰〟というのは〝豊穣〟という意味である。ただ美しいだけではない。その表現には「語りえぬもの」がひそんでいると感じたのだ。

今から40年前、新聞記者をしていた私は、障害者キャンペーンに取り組んでいた。その当時の日本は高度経済成長期にあり、大量生産・大量消費の時代に突入していた。「心からモノへ」と価値観が変わり、自然破壊がいたるところで見られ、公害も多発していた。それでも日本人は豊かな社会をめざして真っしぐらに突き進んでいった。しかし、この経済成長の恩恵にあずからない人たちもいた。それが「障害者」といわれる人たちだった。

障害のある人たちの表現と出会ったのは、ちょうどそのころである。福祉施設、養護学校、特殊学級（現特別支援学級）の部屋の片隅でホコリをかぶったまま積み重ねられた作品群。そのなかに個性的でキラリと光る表現があった。それらが「私たちを見て」と叫んでいるように思えた。長年、誰かに発見されるのを待ちつづけていたにちがいない。その後、それらの作品を集め、障害児作品展を開いた。これが障害のある人たちの表現とかかわるきっかけであった。

私に〝驚きと感動〟を与えた表現が、いずれ今を生きる同時代の表現として評価される日がくると予感をもった。それは大学時代に美術家、岡本太郎の『今日の芸術』（１９５４）を読んで感銘を受けていたからだ。そこには「今日の芸術は、うまくあってはならない。きれいであってはならない。ここちよくあってはならない」という、天と地がひっくり返るような芸術宣言が書かれていた。これが芸術の根本条件として、既成の美学を破壊した。そして、その後の日本の現代アートに大きな影響を与えたのである。

ハイ・アート志向の強い日本で今、クオリティの高い洗練されたアートにたいして、美的価値が低いと見られていた「障害者アート」が、徐々にではあるが評価されだした。「知識と技術のアート」が主流だったのが、「直観のアート」(私たちは〝魂の表現〟と呼んでいる)も認めていこうと、美学の枠組みが広がりつつあるのだ。

日本は芸術に関して世界でも有数の消費市場となっている。美術館、コンサートホールなど文化施設が次々と建設されている。地域の活性化の名のもとに芸術イベントも盛んである。社会に芸術的装い、芸術的言説が氾濫し、人びとの生活のなかに商品としての芸術がこれほど浸透した時代はないのではないか。

けれども、今日ほど芸術を享受し、創造する感動を実感できない時代もない。今日の芸術のよそよそしさと虚ろさ。それらが芸術の力への信頼を失わせ、芸術の意味に疑念を生じさせている。

芸術の社会化・社会の芸術化

今の日本社会は、モノはあふれているが、豊かとは感じられない。芸術はあふれているが、幸福とは感じられない。そもそも芸術は、生きていることは幸福でありたい、という感情にもとづく。この感情こそが芸術という人間の営みの本質でもある。

人間を幸福にする芸術を復活させるには、生活実感と芸術をつなぐことが重要であると考えた。そこで芸術に生活を取り戻す試みをはじめた。そのキーワードは「芸術の社会化・社会の芸術化」である。このテーマは、19世紀末にアーツ・アンド・クラフツ運動をおこしたイギリスの工芸デザイン家、ウィリアム・モリス（1834〜1896）が提唱した「芸術の生活化・生活の芸術化」による。

世界で最初に産業革命を成しとげたイギリスは、大量生産・大量消費という物質文明を出現させた。産業による利潤追求と機械化は、質よりも量と価値を転換させ、人間の労働も「部品化」させた。その結果、品質は低下し、手仕事から生まれる生活のための美しい品々は失われていった。

数と量を基準にした価値観のもとで開発が進み、自然破壊、大気汚染、都市の過密化、生活環境の悪化、田舎の過疎化、貧富の格差の拡大など社会矛盾が生じた。モリスはこれらの問題を見抜き、危惧し、行動をおこした。

　モリスはアーツ・アンド・クラフツ運動をとおして、生命の質、生活の質、労働の質、人生の質を取り戻すことを目論んだ。それらはすべて人間が生を受け、生をまっとうする時間の質を回復させることでもあった。それはまた職業を問わず、階級を問わず、人間の尊厳と生活の喜びが守られる社会を実現させることだった。

　財団法人たんぽぽの家は個人の尊厳を重んじ、普遍的かつ個性豊かな文化の創造をめざす活動をしているが、1995年から「芸術の社会化・社会の芸術化」をはかる新しい市民芸術運動「エイブル・アート・ムーブメント」を展開してきた。まず、私たちは芸術の概念の再定義からはじめた。芸術は一般に崇高なもの、むずかしいもの、近寄りがたいもの、特別の人がするもの、といったイメージが強い。そこで農民作家、宮沢賢治（1896〜1933）の『農民芸術概論』をもとに次のように定義し直した。「芸術とは、個人または集団の、その取り巻く日常的状況をより深く美しいものに変革する行為である」。

運動をはじめてのちにわかったことだが、ウィリアム・モリスと宮沢賢治は不思議なつながりがある。モリスの死んだ年に宮沢賢治が生まれているのである。「芸術と労働」にたいする考え方に共通するところも多い。たとえば、「芸術は人間の労働における悦びの表現である」、「芸術の回復は労働における悦びの回復でなければならない」（モリス）。「労働は本能である。労働は常に苦痛ではない。労働は常に創造である。創造は常に享楽である。人間を犠牲にして生産に仕《つか》ふるとき苦痛となる」（宮沢）。モリスと宮沢賢治は「労働の解放」を考えていた。人間の労働自体が自由で生命力にあふれたもの、誇り高いものになっていくことを願っていた。

可能性感覚とオルタナティブ

私たちが立ち上げた「エイブル・アート・ムーブメント」では、新しい視座で「障害者アート」を見直すことを手がけた。障害のある人たちのエネルギーに満ちた表現活動を、人間性を回復させる新しいアートとしてとらえ、そこにさまざまな可能性を見いだそうとした。そこで社会的に価値の低められたものを市民の力で高めること、具体的には、障害のある人たちの能力を高めると同時に、社会的イメージを高めることに取り組んだ。それはまた、障害のある人たちのアイデンティティを確立すること、サブカルチュアを形成することにもつながると考えたからだ。

こうした考えの原点になったのは、障害のある人たちには生存・安全・教育といった生存権の保障は必要であるが、幸福追求権の保障も重要である、ということである。「生きる」ことを保障することは必要条件だが、それだけでは十分ではない。「文化的に生きる」ことを保障してこそ人間は幸福になれる。一人ひとりが生命を大事にしながら、自己実現をはかって幸福になっていく権利を何人にも保障するのが、今日の課題だと考えたのだ。

ところで、ここでいう新しい視座というのは、「存在の謎」のことである。アートは世界のある種の秘密を明らかにする。宇宙、神、人間といった存在にかかわる秘密に、障害のある人たちの表現をとおして接近しようというものである。存在のサインは私たちの内面にも宇宙にもある。日常ではとらえることのできないサインを、アートで増幅してはっきりさせ、応答していこうというものである。そして、あるがままの神秘性とか、その深層部にあるものに近づき、そのことによって自分の存在をとらえ直し、自分のなかの意識をより自由に解放しようとするものである。

私たちは「エイブル・アート」を可能性の芸術と呼んでいるが、それは可能性感覚にもとづく芸術であるからだ。ノーベル文学賞作家、大江健三郎さんの息子、光さんは脳に障害があるが、幼いころから音に興味をもち、やがて作曲をするようになった。今ではクラシック音楽家によって演奏され、CDもだしている。大江さんは光さんの音楽を「魂が泣き叫ぶ声」と表現している。これは、私たちが知っている音楽とは別のより深い音楽を聴いているからである。この「別のより深い音楽」こそ、可能性感覚にもとづく芸術なのだ。それは、現にあるものを絶対視しない、むしろ未完のものとして見なすところから生まれる。別様でもありうるとする見方、改変可能とする考え方、それらはオルタナティブを提示するだけでなく、よりよい生の志向にもつながっていく。

関係性から生まれる新しいアート

アメリカのスタンフォード大学で開かれたアーツ・イン・ヘルスケア学会で「エイブル・アート・ムーブメント」について発表する機会があった。そのとき、コーディネーターをしてくれた心理学者から「エイブル・アート」と仏教の関係についてたずねられた。それまでアウトサイダーアートやアールブリュットとの関係をたずねられたことはあったが、仏教との関係を聞かれたのは初めてだった。思いもかけない質問に驚く一方で、うれしい気持ちになった。「エイブル・アート」のコンセプトのもとになった『農民芸術概論』は仏教思想の影響を受けているからだ。宮沢賢治は熱心な法華経の信者だった。仏教は「関係性の哲学」といわれるように、他者との関係のなかで生命は成り立っているという考え方が基本にある。人間の生命は、他者との関係のなかで他者から生命をもらうことによって、自己の生命を成り立たせている。

人間の生命というのは、個体的なものではなく、他者との結び合いのなかで相互提供的なかたちで成立している。現代の私たちは人間の生命を、その生命活動を個体的にとらえがちだが、そのこと自体近代的な発想ではないだろうか。この人間の生命活動を一つの労働としてとらえてみた場合、他者がいるからこそ成り立っている生命活動に芸術がある。そう考えると、もう一度人間の労働とは何かを考えなければならない。資本主義の労働というものだけを見ていると、人間のあり方、働き方というものが見えなくなってしまう。もっと人間の労働というものを自由にとらえてもよいのではないか。モリスや宮沢賢治は「芸術と労働」について、こんなふうに提起しているように思う。

このようなことを深く考えるきっかけとなったのは「アートリンク」というプロジェクトと出会ったからだ。2001年9月、アメリカのタオスで開かれたVSA(ベリー・スペシャル・アーツ)全米会議に招かれ、「エイブル・アート・ムーブメント」の展開を発表した。同じセクションでフロリダのNPOクリエイティブ・クレイが「アートリンク」の活動を発表した。

私たちのアートセンターHANAでも、アーティストと障害のある人たちのコラボレーションに取り組んだことがあるだけに、その報告を大変興味深く聞いた。関係性から生まれる新しいアートのかたち、その面白さに共感を覚えた。クレイの人たちに来日して「アートリンク」の思想を広げてほしいと頼んだ。というのも、日本の「障害者アート」は自己表現の呪縛から抜けだせないでいるからだ。広く芸術と呼ばれる営みはすべて、内と外の循環活動——自己の内から発して世界と交流し再び自己へと回帰する活動である。しかし、自己表現を中心目的にしてしまうと、内から外へだけになってしまい、自己と世界を循環する表現の豊かな営みを分断し抑圧する。

それがいかに内面の感覚や感情を純粋に表出したとしても、それを純化し目的追求すればするほど、作品の個性の喪失を促進するという逆説におちいってしまうのだ。自己表現の呪縛で類型的な表現の再生産によって個性を喪失する皮肉な現象がおきてしまうからだ。

ところで、障害のある人たちの芸術の発達には段階がある。それは、自分のからだに隠れている表現能力を見いだして驚きのあまり自分の世界に没頭するところからはじまる。自分に没入することは芸術の基本的な要素でもある。それは〝うぬぼれ〟の意識をともなう。つまり、

「私を見て！」という欲求は、やがて「私だけにあるものを、私にあるたぐい稀なるものを、他と私を区別するものを見てくれ！」と変化する。そこに表れる独自性、個性、かけがえのないものは、美的象徴の本質的な特色でもある。

「私を見て！」のあとにくるものは「あなたに見せたいものがある」という誘惑である。ナルシストは鏡を必要とするというが、芸術における最上の鏡は、鋭敏な他者の目である。自己愛からはじまった表現は、やがて人と人を結ぶ特別の絆をつくりだす。

芸術は、たんに目を引くもの、たんに衝撃を与えるだけのものなら他者の目を長く引きつけることはできない。芸術作品としての魅力が必要である。それは何かしら意味をもつものといってもよい。その意味は、数字や記号のように限定したものではなく、どこかあいまいで謎めいていること、見る側も創造行為を共にすることができるような官能的な関係が生まれることが重要である。

芸術は人間が自身の人間性をつちかう方法のひとつである。その方法で人間は感受性を発達させ、象徴という手段を用いて、他者と豊かな感情の絆を結ぶ。自己のもつ表現の可能性を愛することから、心の交流と豊かなコミュニケーションを経て、成熟の長い道のりをたどる。そのプロセスで、芸術は個人やコミュニティの直接的な要求を超えて、生命の新しいかたちとなっていく。それは世界に何かを贈与することである。

悲しみに向き合う「非情芸術」

私たちの社会は今、大変生きにくい状況にある。グローバル化で文化の画一化が、ハイテク化で人間疎外が、市場化で競争原理が進行している。経済的格差、文化の劣化、貧困など社会のいたるところで矛盾が噴き出している。希望が見いだせない閉塞感から、日本では毎年3万人を超える人が自殺している。そして、人間が冷たくなり、「誰でもよかった」という無差別殺人が続発している。このような生きにくい社会で芸術は何ができるのか。私たちはまず、他者への配慮を中核にした人間観、社会観を打ち立てることが重要であると考える。それにはつながりを回復させる芸術の力が必要である。岡本太郎は『芸術と青春』という本で、「芸術は個人に対してではなく、非情な社会に対して、さらに非情な世界に対して賭けるべきだ」と書いている。

この言葉は今、大変重みをもちはじめている。かつて人間は「搾取の対象」といわれてきたが、人間は「排除の対象」になりつつあるからだ。このような非情な社会に、あるいは非情な世界にたいして芸術は向き合っていかなければならない。

芸術のなかに「非情芸術」というものがある。この非情というのは、英語でいう「impersonal sorrow」である。非個人の悲しみに向き合う芸術が「非情芸術」である。それは人間だけでなく、生きとし生けるものすべての悲しみを自分たちのものとしてゆくこと、個人を超えた悲しみを共有することが今日の芸術に求められているのである。これはまさに宮沢賢治が『農民芸術概論』でうたった「世界がぜんたい幸福にならないうちは個人の幸福はあり得ない」につながる思想でもある。

私たちは9年前から近畿2府4県を舞台に「ひと・アート・まち」というプロジェクトを展開している。これは「芸術の社会化・社会の芸術化」を具体化するプロジェクトで、2006年のメセナ大賞の「文化庁長官賞」を授賞した。そのなかでアートリンクに取り組んだことがあるが、2006年に滋賀で知的障害のある青年と彫刻家がペアを組んで制作し、作品を発表したときのことである。彼は施設をでて他人とコラボレーションするのは初めての体験だった。「ひと・アート・まち」のオープニング・セレモニーで、彼は新調のスーツ姿で現れたが、聞くところによると30代の人生のなかでスーツを着たのは妹の結婚式以来という。この日のために自分で稼いだお金でスーツを購入したのだという。まわりから祝福されている青年の誇らしげな表情。会場は芸術の至福にあふれていた。私たちは日常のなかに、このような祝祭がたびたびあることを願っている。それを実現するのが芸術の使命であると思っている。

*『アートリンクプロジェクト２００９　関係のドローイング』（京畿文化財団、２００９）より転載

人間が健康な心をもって生きるためには、
まわりから自分の存在が認められ、
尊重されて育つ体験が不可欠です。
この体験から生まれるのが
「自尊」という心の力です。
つまり、自尊心というのは、
ありのままの、本当の自分を愛し、
尊ぶ心のことです。

『人権の視点から考える　障害者アートと著作権』（日本障害者芸術文化協会、2000年）

障害者アートと人権

アートで自分の価値を高める

「エイブル・アート」は、障害をもつ人たちのエネルギーに満ちた創作活動、いわゆる「障害者アート」を人間性を恢復させる新しいアートとしてとらえ、そこにさまざまな可能性を見いだそうとしています。1995年からはじまった新しい芸術運動は、現在、日本だけでなく海外からも注目されるようになってきました。

「アートは時代を映す鏡」といわれますが、障害をもつ人たちの心の不思議な働き（魂の表現）、そこから生まれてくるアートには、現代アートが見失ってしまったものがある、という発見もあるでしょう。さらには「障害者アート」を包みこまないような美学は普遍的ではない、それを入れることで世界の美術史は成り立つ、それを排除するのは排除する側の概念の枠組みの方が悪い、と芸術の概念が原理的に深いところで広がってきていることもあるでしょう。

それらはいずれもアートの世界での話ですが、社会的に注目されているのは、「エイブル・アート」が、障害をもつ人たちが人間として本質的にもっている価値を中心にして考えられていること、そして、その精神的な活動に価値を与え、社会的役割を実現していけるようにめざしているからです。

こうした考えに基づいて「エイブル・アート・ムーブメント」では、アートをとおして社会的に価値を低められている人たちの社会的イメージを高めると同時に、その能力を高めることに取り組んできました。それはまた、障害をもつ人たちが自己のアイデンティティを形成することと、自己のサブカルチュアを形成することに深く関係しています。

人間が健康な心をもって生きるためには、まわりから自分の存在が認められ、尊重されて育つ体験が不可欠です。この体験から生まれるのが「自尊」という心の力です。つまり、自尊心というのは、ありのままの、本当の自分を愛し、尊ぶ心のことです。

人間は誰でも、まわりから認められることなく、無視されて生きていると、自分は無価値な存在と思いこんで自尊心を失ってしまいます。このような自分を敬うことのできない人間には平等な人間関係というものを理解することはできません。

ただ生きているだけで十分に尊いと思えることが、生きるための原動力となるのです。このように自分が尊いと感じるためには、何よりも人間関係が大切です。とりわけ、喜怒哀楽といった感情表現を受けとめようとするまわりの姿勢、さらには感情を素直に表現できる環境をつくることが重要となってきます。

主体的に選択できる「生き方の幅」

21世紀は「個人の世紀」といわれています。一人ひとりが個人として尊重される時代がやってくるのです。「スモール・イズ・ビューティフル」

という言葉で有名な経済学者のシューマッハーは「人間は一人ひとり、一つの宇宙である」といっています。

実は「エイブル・アート・ムーブメント」では、展覧会などをとおして「個人の数だけ宇宙はある」ということを明らかにし、障害をもつ人たちを一口に「障害者」とくくれない、あるいは一つに束ねられない、ということを示してきました。

そして一人ひとりの人間が、かけがえのないいのちを大事にし、自分の人生を自作自演し、自己実現をはかりながら幸福を追求する権利の保障こそが、これからの福祉の仕事であることを提言してきました。また、障害をもつ人たちが障害とともに生きながら最善の自己となっていくことのできる社会をつくることが、これからの社会目標であることを提案してきました。

ここでいう自己実現とは、人間が生来その本質として備わっている価値を十分に実現して、人間が十分な意味で人間となっていく全資質的な展開のことです。これは科学者、芸術家といった特別な人たちだけができるのではなく、すべての個人ができうる自己を開く創造性といえるでしょう。

1998年のノーベル経済学賞を受賞したアマルティア・センは福祉と自由について探求した『不平等の再検討』のなかで、福祉（well-being）について「個人の福祉は、その人の生活の質、いわば生活のよさとして見ることができる」と述べています。

センは、個人の制約が取り払われたならば選択されるかも知れない「機能」を福祉の評価に加えることを提案しています。人間が実際に何をしているのか、また、何をなしうるのか、という客観的な情報を重視し、その一つひとつを「機能」と呼び、その全体を「潜在能力（capability）」と呼んでいます。

このようにセンが「機能」に注目したのは、人びとの福祉を直接表すからです。所得や効用や資源などは人の福祉の手段や結果を表すもので、人びとの福祉そのものとのあいだにギャップを生じると考えたからです。「潜在能力」は、その人が選択することができる「機能」の集合である。こうした「潜在能力」が、すなわち主体的に選択できる「生き方の幅」が大きければ大きいほど、価値ある選択肢が多くなり、行動の自由も広がるのです。反対に、制約を受けてできることが限られている場合、「潜在能力」も小さくなるのです。

人権の追求は幸福の追求につながる

センは人びとの福祉に必要不可欠な基本的な「機能」に焦点を当てることによって、社会的不平等、社会的差別の意味を明らかにすることができると考えました。そして、それらをなくすためには、潜在能力を広げることが重要であり、それは人間の自由と密接に結びついていることを理論づけたのです。

これまでの福祉は所得や効用を重視するが、潜在能力を広げることについてはあまり考慮してこなかった。こうした背景のもとで、障害をもつ人たちの「潜在能力」のひとつであるアートをとおして生活の質を高めること、そして自己実現をはかりながら幸福になっていく道を探そうという試みが「エイブル・アート・ムーブメント」でもあるのです。

この「障害者アート」をめぐる著作権、所有権のガイドラインづくりは、障害をもつ人たちが創作活動をつうじて最善の自己となる環境づくりを人権の視点から考えようということからはじまりました。そこには「人権は人間の自己実現のためにあり、人権の追求はその人の幸福をもたらす」という考えがもとにあります。

このガイドラインは、障害をもつ人たちがアートの世界で自己決定権の行使を十分にする条件づくりを整えるのが目的です。そのためには、いかなる権利があるのか、を一つずつ確認するところからはじまっています。このような確認作業をするのは、サービスの客体であり対象者である障害をもつ人たちを主体者として認識し、専門家などサービスを行うものと利用者との関係を平等で人間的なものにしていくねらいもあります。

このガイドラインは曖昧さをいっぱい残していますが、完全なものにしないでも役立てることができると考えています。福祉の実態の多様さを無視して理論上完全にしようとしても、どこかに無理が生じてきます。このガイドラインをもとにして、それぞれの現場で議論を積み重ねてください。そこから派生する「信頼から生まれる知」こそが、「障害者アート」の未来を拓いていくものと確信するからです。

しかし、そこに権利があるからといって乱用することはいましめなければなりません。われわれの社会は、一人ひとりの「個」を尊重すると同時に、「公的なるもの」を育てる必要があるからです。「障害者アート」についていえば、障害をもつ人たちにも新しい文化を創造するというミッション(使命)があり、それに寄与するという社会的役割を実現しなければならないからです。

＊『人権の視点から考える　障害者アートと著作権』(障害者芸術著作権等整備委員会、柿沼市子編、日本障害者芸術文化協会、2000年)より転載

岡倉天心の「東洋の美は不完全の美である」
というのに共感を覚える。
「望月よりも欠けたるがよし」とする
日本人の美意識に由来するからだ。

『ソーシャルアート　障害のある人とアートで社会を変える』
（学芸出版社、２０１６年）

本来、福祉とは、
ものの見方、考え方、感じ方、
人間関係の形ですから、
まさに文化そのものなのです。

『ミュージアム・マガジン・ドーム』
（日本文教出版、１９９９年）

今、新しい芸術が求めているのは、
装飾的にただ美しいという視覚の美ではない。
時空を超えて人間の永遠性につながるもの。
人間がそれを受けると希望があたえられる、
まさに元気のでるような美である。

『ABLE ART　魂の芸術家たちの現在』（財団法人たんぽぽの家、１９９６年）

コミュニティがコミュニティとしてあるためには、
匿名ではない存在としての他者と関わりをもつこと。
暮らすうえでの課題や問題について、
解決できなくとも、共に取り組むこと。

『ひと・アート・まちの軌跡』（近畿労働金庫、２０１９年）

社会連帯とアートの役割

分断が進む社会

今、日本のコミュニティは危機的状況にある。生きることを支え、生きることの価値を与えてきたコミュニティは、少子高齢化、ハイテク化、市場化、グローバル化といった大波に飲み込まれているからだ。あらゆるものがバラバラに分断され、人びとの孤立化はいちだんと進み、「無縁社会」という流行語も生まれた。さらに富の格差があらわになり、社会の貧困化が大きな問題となっている。

人類の歴史を見ても人間は群れて生活する生き物であった。群れを維持するために分かち合ってきた。それで幸せを感じていた。「ありがとう」「うれしい」という言葉が飛びかうコミュニティは豊かなコミュニティなのだ。現代のまちづくりとは、そうしたコミュニティを再生させる試みである。コミュニティがコミュニティとしてあるためには、匿名ではない存在としての他者と関わりをもつこと。暮らすうえでの課題や問題について、解決できなくとも、共に取り組むこと。こうしたことが再生の道と考えられている。

近畿労働金庫とたんぽぽの家が、2000年から取り組んできた「ひと・アート・まち」プロジェクトはアートによる新しいコミュニティを再生する試みであった。なかでも障害のある人のアートをベースにした取り組みのユニークさが注目された。それまで障害のある人たちのアートは、価値が低いものとしてメインストリームから無視されてきた。社会もまた多くの障害のある人たちの潜在的才能に気づかなかった。

たんぽぽの家では、1995年に阪神・淡路大震災をきっかけに「人間復興」をかかげエイブル・アート・ムーブメント（可能性の芸術運動）を提唱した。この市民芸術運動の目的は「アートの社会化／社会のアート化」であるが、まず手がけたのは障害のある人たちのアートを新しい視座で見直す作業だった。新しい視座とは、アートと社会の関係を問い直すことである。そこで障害のある人の能力を高める、と同時に社会的イメージを高めることができないかと考えた。

そこへ地域共生をかかげる近畿労働金庫の小山正人さんから、エイブル・アートの理念で地域共生のプロジェクトを組めないか、という提案をもらった。小山さんは「障害者アート」を見て感動した一人だった。そういえば作家の開高健が「感動は一瞥《いちべつ》にあり」といっていた。権威や専門家が「いいね」といったからではない。自分の感性——直観力で「いいね」と感じたのだ。障害のある人たちのアートには、身体を通じて描かれたディテールにすごく美しいものが宿っている。たぶん美しく描こうと思っていない。はからいのないところに美が生まれてくる力強さがある。

小さくともキラリと光るアートプロジェクト

そもそも芸術は、生きていることが幸福でありたいと願う人間の本質的な営みである。

おそれいります
切手を
お貼りください

郵便はがき

〒 540-0031

大阪市中央区北浜東1-29 5F

株式会社 どく社 編集室 行

絵・手差ユニッツ

フリガナ

ご氏名 | ご年齢

フリガナ

ご住所 〒

お電話番号 (　　　)

e-mail（新刊・イベント情報などのお知らせをご希望の方は、ご記入ください）

あなたはどんな「読者」ですか？（ex. 郷土玩具にハマっている包丁職人／映画好きの販売員など）

好きな本のジャンル

♪ご記入いただいた個人情報は、今後の出版物の参考としてのみ利用し、その他の目的では使用いたしません。

どく社

この本の名前

お買い上げのお店　　所在地

何がきっかけで手にとりましたか？

この本へのご意見・ご感想をお願いします。

♪お寄せいただいたご意見・ご感想は個人情報を伏せて書籍のPRや広告に利用させていただくことがございます。

これからどんな本があれば読みたいですか？

そして文化はものの考え方、ものの見方、ものの感じ方、そして人間関係のかたちである。

今日では芸術文化をとおして豊かで幸福な生活を営むことは、すべての人の権利と考えられている。しかしながら、現実の世界は、合理主義＝効率至上主義が強く、芸術文化は「生産性がない」と軽視されている。だが、モノをつくることだけが「生産性」ではない。人びとのあいだに「ありがとう」「うれしい」を生みだすことも「生産性」ではないか。私流にいえば、「障害者アートには人間性を回復させる力がある」。これこそ立派な「生産性」ではないか。

この「ひと・アート・まち」はエイブル・アートの考え方――これまであるものを絶対視せず、別様でもあり得る、とする可能性感覚にもとづく。今までにあるものとは違う、オルタナティブな感覚でつくっていくことを重視している。

そのひとつが、まちにあるものをフルに使うということ。たとえば、シャッター通りになった商店街、歴史的な建物、空きスペースとなった町屋など。なかには展示するのに難易度の高いところもあって、それだけに私たちの力量を問われることが多かった。しかし、まちにあるものは使われることによって輝きを取り戻すことを知った。

現代では、アートは地域振興だけではなく、観光資源として注目されている。巨費を投じた美術館が各地に誕生し、スケールの大きな芸術祭が各地で開催されている。しかし「ひと・アート・まち」は「小さくてもキラリと光る」をめざしてきた。それは「大」から「小」へという時代の変化の先取りでもあった。オーバーな表現になるかもしれないが、20世紀の「資本主義・社会主義・全体主義」といった大きな物語が崩壊し、小さな物語の時代に入ったことに呼応している。「大」を相対化する多様な「小」が発信しつづけることが求められているのだ。

その例を挙げると、まちなかにプライベート美術館をつくる試みである。まちのレストランのオーナー、ショップの店主、組織のオフィスなどが、障害のある人たちの作品と〝お見合い〟をして一定期間展示するというもの。実は〝お見合い〟というのがミソ。美術館の学芸員が「いいよ」といったからではない。自分の感性で選んで展示している。そこからアートを手だてとして多様なコミュニケーションが生まれる。もちろん、障害のある作者も訪れるので新しい人間関係が生まれる。これこそ文化のかたちではないか。

このプライベート美術館の仕組みは、成熟した市民社会に向けての小さな一歩と考えている。私たちがめざす市民社会では、個人の自由と権利を尊重し、多様性を認め、寛容の理念を重んじているからだ。とりわけ他者にたいする寛容は人間の社会性の基盤となる。人間はもっと豊かに、一人ひとりが生きていけることが社会目標である。

美の謎を追究する冒険

「美は分かち合うべきものだ。われわれの喜びを高めてくれるからである。美の謎を追究することは崇高なるものをめざす冒険なのだ」(アメリカのアーティスト、アッサンブラージュの先駆者の一人。ジョセフ・コーネル)

――「ひと・アート・まち」では、美の謎をさぐる実験が数多く行われている。

そのひとつが、障害のある人とアーティストが共同制作する「アートリンク」である。異なる個性がぶつかり、対話し、創造へつないでいく共創のプロセス。既成の美の概念を超えたものが立ち現われる面白さがある。

まちの日常のなかにあるかえがえのないものを子どもたちが記録、収集する「世間遺産」は好評を博した。熊野がユネスコの「世界遺産」に選ばれた和歌山で始まった〝パロディ〟だった。日頃、ゲームに熱中する子どもたちが夢中になってカメラのシャッターを押す姿が印象的だった。

このような数々の美の実験が評価され、2006年にメセナ協議会のメセナアワードで文化庁長官賞を受賞した。これは日常の世界の向こう側に見えない境界があり、境界を侵犯的に越えることで聖なる領域やアートの本質につながっていけることを証明したことの評価だと受け止めている。

この「ひと・アート・まち」は、社会とアートの新しい関係を築くコミュニティ・アートであるが、コミュニティの抱える課題や問題と向き合うCCD（コミュニティ・カルチュラル・デベロップメント）へと発展していった。低収入にあえぐ障害のある人たちの収入アップをめざす取り組みが始まった。これがGood Job!プロジェクトである。「アート×デザイン」でビジネスにつなごうという目論みが生まれた。

社会連帯を提案する金融機関

この取り組みは偶然に生まれたものではない。「ひと・アート・まち」を主催しているのは、労働者の金融機関、近畿労働金庫である。障害のある人たちは働く選択肢が少ないうえ、低収入である。働きがい、生きがいのある仕事があまりない。「得意のアートで仕事ができないか」という関係者の熱望があった。この声に押されてGood Job!という企画が生まれた。

「芸術は精神労働」という考えもあり、労働金庫からの〝連帯〟に期待が集まった。

このGood Job! プロジェクトは2016年にグッドデザイン金賞に選ばれた。

この背景には時代がモノづくりからコトづくりへ転換していることがあげられる。労働の贈り手と受け手のあいだが断ち切られた今日、労働が社会への贈与となることを示す事例として高く評価されたのだろう。

知識や技術がすぐに陳腐化する時代。世界は今、激変している。社会も猛烈なスピードで変貌している。たとえばAI（人工知能）が人間の8割を失業させるというおっかない予想もある。AIやロボットの技術の進歩は望ましいが、その追究が人間の本質を傷つけてはまずいのではないか。

生産性の向上の声のもと人間が機械部品のようにみなされていく怖れが

ある。「ひと・アート・まち」をつづけてきて学んだことは、経済成長という呪いから解放され、人びとのあいだに信頼とつながりの感覚をつくり出すことの大切さである。それをつくり出すのは共感する力ではないか。共感という動物的な感情に希望を見い出すしか私たちの生きのびる道はない。

美の向こうにあるもの
「ひと・アート・まち」のコンセプト・メイキング

面白しと見るは花なるべし（世阿弥）

面白くもあり、懐かしくもあり、不思議な表現に出会ったのは、今から

48年前のことである。四国の高松で新聞記者として仕事をしていたとき、高松在住の美術評論家から知的障害のある人たちの絵画教室を開いているという話を聞いた。その当時、〝特異天才〟の山下清は有名だったが、ふつう障害のある人たちの芸術的才能はないに等しいと見られていた。

この美術評論家は、現代美術に造詣が深く、マルセル・デュシャン、ジャスパー・ジョーンズといった人たちのことを熱っぽく語ってくれた。なかでも100年前に大量生産の既成品によるオブジェ作品を発表したデュシャンの「あらゆる芸術は真摯な知的活動となる。もはや美を志向していない」という言葉に衝撃を受けた。

その彼がどうして福祉施設で絵画教室を開いているのか、取材をかねて同行した。そこで見た知的障害のある人たちの表現の面白さに驚き興奮した。プリミティブな感覚から生まれた芸術は言語を超えるというが、

「これは子どもの絵ではない」と思った。

というのも、大学生のころ、ベストセラーとなった岡本太郎の『今日の芸術』を読んで、芸術に対する見方を大きく変えたからだ。

「今日の芸術は、うまくあってはいけない。きれいであってはいけない。ここちよくあってはならない」

既成の芸術観をぶちこわす革命的な芸術宣言。新しい時代の到来を感じて心を躍らせた。しかし、この芸術宣言は当時のメインストリームからは冷ややかに見られていた。そのころ、京都で仕事をしていたが、美術担当の記者に岡本太郎の評価をたずねると「彼は美術家ではない。文筆家です」という答えが返ってきた。保守的な日本の美術の世界で異端視されていたのだ。けれども、今日の現代美術を見ると、岡本太郎の予言どおり、といってもよいのではないか。障害のある人たちの表現を見ていずれ今日の芸術の仲間入りをする、という予感をもった。

ところで、高松では3年ほど記者生活をしたが、生きたアートを学ぶ機会に恵まれた。高松市郊外に世界的なアーティスト、流政之、イサム・ノグチがアトリエを構えていた。高松市内の製作所には工芸デザイナーとして有名なジョージ・ナカシマの拠点があったからだ。

流政之とイサム・ノグチは石材を使った彫刻を制作していたが、双方ともライバル意識が強く、それがまた作品に反映しているように思えた。だが、共通点もあった。それは石に対峙する姿勢である。「石の声を聴け」である。アノニマス・ブロッソ（名もない石）に向けて「どこへ行きたがっているのか」と問いつづけていた。

さらに日本の伝統美にもリスペクトをもっていた――。伝統美から着想した作品を数多く制作していた。その当時、私は伝統工芸や職人の世界を記録する「讃岐の手仕事」という連載（50回）をしていた。流政之はそれを評価してくれていた。そして自分の創作のタネアカシも語ってくれた。

インタビューのなかで強烈な印象を受けたのはジョージ・ナカシマである。彼は、フシがあったり、曲がったりする、いわゆる難物と呼ばれる木材を使う家具を製作していた。ふつう規格外として排除させるものに、新しい生命を吹き込むデザインが高評価だった。

アメリカ西海岸の山のアトリエには注文客が絶えないといわれていた。「月が月としてあるような宇宙そのもの。山が山としてあるような自然そのもの。それを突き抜け触れたところに可能性はある。終わりもなければ始まりもない。そのものとは、まさしく〝空〟というべきもの。そこまで突き抜けたとき、人間・生命が人間・生命としてある。それがデザインのもとになる」

若い時分にヒッピーとして世界を放浪してきた。ボヘミアンとして生きてきた時代に学んだデザイン哲学であった。私はこのインタビューからデザインはたんに見栄えよくするものではなく、世界をつくる思想や哲学であることを知った――。この出会いがあったから、のちにパパネックの『生きのびるためのデザイン』に触発されたプロジェクト、そしてインクルーシブ・デザインへと展開することができた。

音は音なきところに響き、光は光なきところに輝く（柳宗悦）

アートは人間の生きる意味を考えるきっかけをつくるメディアである。
アートの役割は人間の痛みに想像力を働かせることである。

「ひと・アート・まち」のコンセプトは、約半世紀にわたって障害のある人たちの問題と関わってきた私の経験から生まれた。新聞記者の駆け出しのころ、日本は高度経済成長に入り、繁栄の道をまっしぐらに進んでいた。

そこには「光と影」があり、光の当たっていなかった事柄のひとつに障害者問題があった。

高松時代に重度の子どもの夏のキャンプに参加した。そのころの四国は自然破壊が進み、赤潮など海洋汚染も深刻化していた。環境問題と取り組んでいるさなか、一冊の本に出会った。アメリカの海洋学者、レイチェル・カーソンの書いた『沈黙の春』だった。収獲を上げるため大量の農薬を使い、虫たちが死に、さらにそれを食べて鳥たちも死ぬ、という警告書だった。

そこで「生命の連鎖」ということを知った。生まれて初めての海水浴に喜びの歓喜を上げる重度の子どもたち。その光景にいのちのつながりを感じた。そして生きとし生けるものの痛みに共感する想像力があって初めて何が問題かがつかめることを学んだ。

奈良へ転勤となったが、再び障害者問題のキャンペーンに取り組むことになった。時あたかも「日本列島改造」にわくなかで、一年間の長期連載をつづけた。養護学校、特殊学級（現特別支援学級）、福祉施設、重度の子どもを抱えた家族などに足を運び、問題点を報道した。

そのとき目にしたものは、障害のある子どもたちが制作した作品（共同制作が多かった）だった。おそらく長い時間をかけて完成させたであろうと思われる作品。残念ながら学校内で展示されることもなく、古いものはホコリをかぶったままになっていた。先生に聞くと、夏休みに家へもち返り、処分してもらっているという。その作品を世に出したい、という思いで奈良県文化会館の展示室を借りて作品展を開いた。

この作品展の〝目玉〟は、法隆寺近くの堤塾の塾生、山村昭一郎さんの個展であった。堤塾とは、篤志家の堤勝彦さんが知的障害のある4、5人を家族として引き受け、共に暮らしているところであった。――大阪からやってきた山村さんの特技は昆虫の絵を描くことだった。

「昆虫の昭ちゃん」という愛称で呼ばれていたが、彼に会うためにたびたび訪問した。私の姿を見るとそばにやってきて、カブトムシ、クワガタムシ、タヌキといった家の近くにいる小動物の話をしてくれた。いきいきと語る姿を見て山村さんは小動物と一緒に生きているのだと思った。だから描く小動物はリアルなんだ。

知的障害のある人のなかに山村さんのように動物や植物とコミュニケーション（相互交流）をとれる人がいる。この交感する力は彼らの特別な才能といえる。これは、人間中心世界ではなく、人間も織り込んだアニミズムの世界といわれている。だが、古代から受け継がれた能力が、現代人から急速に失われているのだ。

「ひと・アート・まち」で展示された作品のなかでアニミズムの世界を描いたものが多くあったのが記憶に残る。失われるのは、私たちのほうである。

野生にこそ世界の救い（ヘンリー・D・ソロー）

２０２５年に大阪万博の開催が決定した。１９７０年に「人類の進歩と調和」をテーマに大阪で開催されたとき、〝特派員〟として仕事をしていた。記者活動というより〝報道の特権〟をいかして、どん欲に見学したのを覚えている。一番圧倒されたのはメイン会場となった丹下健三の近代建築、それにそれをあざ笑うかのようにそびえ立つ岡本太郎の塔であった。

聞くところによると、丹下はこのグロテスクな塔を建物の中心に据えるのに猛反対だったという。しかし、今となっては残っているのは太陽の塔だけ。しかも現在でも人気が高く、見学者は後をたたない。

この太陽の塔は、岡本太郎が縄文時代の土偶から着想をえたといわれている。実は、岡本太郎は「縄文の美」の発見者である。土偶や土器といったものは考古学では評価されていたが、美学の世界では評価されていなかった。このプリミティブな造形美に光をあてたのだ。今では、縄文のビーナスといわれる土偶などは、国宝として扱われている。

岡本太郎が「縄文美」に注目したのは、若いころフランスで文化人類学にふれたことによる。

その当時、フランスは文化人類学が盛んであった。レヴィ・ストロースの『野生の思考』などに影響をうけているのではないか。その背景には近代合理主義の行き詰まりがあった。岡本太郎は近代合理主義のシンボルである丹下の建築に「縄文美」で挑発したのだろう。今日の日本でも、この「野生」という言葉にアレルギーをもったり反発する人はいる。

2009年に金沢の21世紀美術館で北陸3県プラス新潟の知的障害のある人たちの作品展を開いた。テーマは「野生の感性」で、洗練された表現以前の作品にスポットをあてた。――ところが、この「野生」にクレームがついた。野生＝未分化、遅れているというイメージを与えるからというのが理由。だが、これは近代がつくり上げたイメージである。そこから人間を「健常者／障害者」と二分化する世界が生まれてきた。

滋賀で開いた「ひと・アート・まち」では、やまなみ工房の野性味あふれる粘土造形が会場を圧倒した。ここで訴えたかったことは、AIなどテクノロジーが発達し、人間の活動が地球のすみずみまで及んでいるなか、

「野性」は消失、または絶滅しかかっている、ということ。身体をとおした自然の世界、野性の世界と接触し、それに関わることで「野性」の知を経験することができるというもの。これはもちろん過去に戻るというのではない。私たちはあまりにも多くのものを失っていることを気づかせることが人間らしく生きることにつながると考えた。

「ひと・アート・まち」では、多様な作品の展示をとおして、一人ひとりが日常においていかに無意識のうちに惰性や習慣で行動しているか。そしていかに常識や既成概念にとらわれて凝り固まった見方をしているのか。その現実を問い直すきっかけにしたいと考えたのだ。

物を知るには　これを愛さねばならず
物を愛するのは　これを知らねばならぬ（西田幾太郎）

「ひと・アート・まち」の最初の開催地は古都・奈良だった。メイン展示は京都、亀岡のみずのき寮（現みずのき）の作品群を奈良女子大の講堂（重要文化財）で見せるものだった。これは重度の知的障害のある人たちに長年、絵画指導をしてきた日本画家、西垣籌一先生（故人）にたいするリスペクトであった。日本の「障害者アート」の可能性を切り開いた人だった。

美術学校で教えていた西垣先生は、今あるものにあきたらず美の向こうにあるものを追求していた。高校から幼稚園まで探し求め、たどり着いたのは重度の知的障害のある人たちの福祉施設だった。不可能視する声にもひるむことはなかった。あらかじめ共有するゴールはなくとも、ゆるやかだがもろくはない人間関係を築き、共に何かをつくり上げるスタイルを生みだした。

みずのき寮の作品のレベルの高さは、国内だけではなく海外でも高く評価されている。西垣先生はなぜ〝極限〟のところまで来て、美の謎を極めようとしたのか。強い興味にかられ、しばしばお酒を酌み交わしながら話をうかがった。多くの戦友をなくした戦争体験、日本の美術界への不満など語られるなかで、少しずつわかってきたような気がした。

西垣先生のめざしてきた芸術をたとえると、西洋美術がアーチェリーとするならば、西垣先生のは弓道であった。アーチェリーは的を正確に当てることを目的とする。一方、弓道は的に当てることよりも的の向こうにある心を射ぬくことを大事にしていた。

文学的な表現になるが、表層にあるものを支えている深みに横たわっているかたちを顕在化させてゆく、というものであった。

私たちは障害のある人たちの作品にどう向き合っていけばいいのか。

奈良教育大学名誉教授の川上文雄さんからいい教示をもらった。それは思想家・藤田省三の『「写真と社会」小史』のなかにある写真家、ダイアン・アーバスを論じるところからの引用。

「外側から被写体を処理するのではなく、存在そのものに対して一個の存在として直接対面する」

川上さんは「障害者アート」のコレクターでもあり、大学でも「障害者アート」を題材にした授業にも取り組んできた。

今、日本の「障害者アート」は空前の盛り上がりを見せている。海外で評価されたとか、高く売れたとか、景気のいい話が飛びかうなか、「ひと・アート・まち」は存在を塞ぐもの、囲い込むもの、凝り固まらせるものへの抗《あらが》いのアートという立場を堅持してきた。最後に、その芸術的価値を高めるために次の3つを提案しておきたい。

1、多様な美的感受性を認める。
2、精神性を尊重する。
3、それらを受け止める新しい知性を磨く。

*『ひと・アート・まちの軌跡』（近畿労働金庫、2019年）より転載

播磨靖夫の視点原点

もっとも笑うやつが最後に勝つ

3

『生きている　生きている』
まえがき（1975年、福祉風土づくり市民講座）より転載

昭和50年

46年夏。瀬戸内海の小島で行なわれた障害児のキャンプに参加しました。その小島は、高松港の沖合にある女木島という島です。当時、わたしは、毎日新聞高松支局で記者をしていましたが、知人から市民のカンパで障害児のキャンプをするので参加しないか、とさそわれたのがきっかけでした。車いすの障害児たちといっしょに連絡船に乗り、キャンプ場につきました。そのキャンプ場は、島の小学校でした。そこで、障害児とその親たちの前で紹介され、あいさつを求められました。

「みなさんのことをもっと知りたい。そしてペンの力でみなさんに役立ちたい。この日の経験をいずれの日か必ずいかしたい」

　こう約束したのを、いまも覚えています。そのころ、新聞やテレビに出てくるいわゆる美談や善行の報道に批判的でしたし、ほかの報道についても何か社会のうわべだけを書いているのではないか、という疑問を感じていたのです。そこで、わたしなりにルポルタージュ形式をとることによって、それを破ろうと試みていたころのことです。障害児とともに過ごすことによって、

ペンの力と、ただの人の運動と

1975年

障害児のかかえている悩みや問題を少しでも知りたい、と願ってキャンプに参加したのです。

　夏の強い日差しの下、海辺では海水浴が行なわれました。養護学校の先生やボランティアの大学生たちといっしょに、子どもたちは海で泳ぎました。なかには海の近くに住んでいるのに、いちども海を見たことのない子どももいました。手足がなえて身動きのできない子どもが浮き輪に乗り、海へはいったとたん、「ギャー！　ギャー！」と歓声とも悲鳴ともつかぬ声をあげました。よく見ると、こわがっているのではありません。初めて体験する海水浴にはしゃいでいるのでした。ことばも十分に話せない子どもたちの生きるさけびでした。人間の生命力に、わたしは感動しました。


　それまで障害児をまったく知らなかったわけではありません。障害児の記事を何度か書きました。しかし、キャンプ場でみた重い子どもは初めてでした。ちょうどそのころ、自然保護運動に関心を持ち、野鳥の保護を訴えたキャンペーンなどに取り組んでいましたが、社会から切り捨てられた重度の障害児の存在を見落としていたことに、記者として恥ずかしい思いをしました。野鳥を守ることも、障害児の生きることを守ることも別々のことではありません。そのキャンプ場で、あるお母さんからこう訴えられました。

「わたしたちには、社会のいろんな人の力がいるのです。とりわけマスコミの応援は、わたしたちにとって大きな勇気づけとなります。ぜひ、障害児問題と取り組んでください」

　キャンプの模様は、その翌々日の朝刊地

方版でほとんど全ページをつぶして報道しました。キャンプにこぎつけるまでカンパ活動などで苦労された先生たちは、その記事をみて、「これでやったかいがあった」と泣かれたそうです。しかし、わたしたちにとっては、「これで」ではなく「これから」でもあったのです。

思えば、あれから5年もたちました。その年の暮れからキャンペーンをはじめ、途中で奈良支局に転勤をしてからふたたびキャンペーンをやり、いつの間にか障害児問題が、わたしの人生の中心にすわってしまったのです。奈良支局時代は、当時の支局長が非常に理解のある方だったので思う存分やらせていただきました。この本のもと原稿は、毎日新聞奈良版で半年間にわたって連載したキャンペーンの一部です。このたび毎日新聞社のご厚意で転載させていただきました。その当時、取材中にわたしの前で涙を出していたのが、いまいっしょにがんばっている〝たんぽぽの家〟づくり運動のお母さんたちです。これまでの苦労をふり返り、子どもの将来を案じて泣いていたお母さんに、「泣いていては道は開けない。自ら立ち上がらないと」と励ましていたのですが、キャンペーンが終わった翌年になって、お母さんたちは相談にやってきました。重度の子どもたちが自立できる家をなんとかつくりたい。行政を待っていてはおそ過ぎると、お母さんたちは真剣な表情で訴えました。わたしが名づけ親となって、〝たんぽぽの家〟作り運動が48年4月、スタートしたのです。

一連のキャンペーンによってどのように社会が変わるか注目していました。結果は早く出ないことはわかっていましたが、少しでも変わることを願っていました。しかし、それは社会を少しかきまぜた程度の効果しかなかったことに気づきました。この種のキャンペーンは、気長にやり、福祉風土ができるまでやらねば意味のないことを知りました。そのためには、社会行動を具体的に起こさないとだめだと思いました。わたしは、こうして〝たんぽぽの家〟づくり運動にかりたてられたのです。奈良で誕生した〝たんぽぽ〟のわたぼうしは、3年目のことし、香川でも根をおろしました。福祉風土が全国にできることは、わたしの夢です。

これまでの経験からもわかるように、福祉問題については、まったくの素人ですし、新聞記者をやめたいま、ただの人の運動になってしまいました。この本は、専門家からみれば意見や批評はいろいろあると思いますが、わたしなりに「市民」の立場で障害児問題をとらえてみたつもりです。人間の原点をみすえていく限り、専門家とそう意見のへだたりはないと信じます。

最後に、この本は中学生から読めるよう工夫したつもりです。障害児問題が教科書で0・06%のページ分しか取り上げられていない今日の日本の教育に批判をこめて、この本を世に出したいと思います。この本を読んで若い世代の人が、ひとりでも障害をよく理解し、すべての人間がより豊かに暮らせる社会づくりのために立ち上がってくれることを祈っています。

『生きている　生きている』

あとがき（1975年、福祉風土づくり市民講座）より転載

昭和50年

この道、10年たってやっと一人前、というそうだ。知恵おくれの子ども（原文ママ）とともに、人生を歩んでこられた田村一二さんが、こういわれた、と人づてに聞きました。障害児問題とかかわるようになって4、5年のわたしなどは、まだまだ〝小僧〟のたぐいになります。しかし、たとえ10年たっても、わたしは〝小僧〟でありたい、と願っています。いや、一生涯〝小僧〟であり続けたい、と自分にいい聞かせているのです。

というのは、わたしの興味を持っている人物、僧行基に学ぶところがあるからです。

行基は、古代に民衆における仏の道をさがし求めた僧のひとりで、河内の国の渡来人系の生まれ、土木技術などに明るかった、といわれています。大仏建立のさい、この行基の力によるところが大きかった、ともいわれ、奈良にはゆかりの深い人です。『続日本紀』の略伝によると、「霊異神験、類に触れて多し、時の人号して行基菩薩という」とあります。行基は、民間伝道をする場合、呪術など民間信仰をいちがいにしりぞけずに、それに相応して、それと結びついて民衆の間に教えを広めていった、と

1975年

生涯"小僧"の在野精神

いわれています。

　日本の仏道は、もともと鎮護国家の色が濃く、天皇専制を確立した天武天皇のころになると、官寺を中心とした仏教統制がますますきびしくなってきたのです。養老元年（717）に時の朝廷は詔を出し、民間の僧尼への統制を強めるのですが、その時、行基のことを「小僧行基」とやりだまにあげています。行基とその弟子たちが、ちまたでみだらに罪服を説き、仲間を呼び集めて家々を説きまわり、しいて余物を乞い、聖道といつわって農民を妖惑している、と非難しているのです。時の朝廷は、行基の民衆への影響力が、よほどこわかったのでしょう。

　歴史をながめると、信仰の道は、だいたいそのはじめは、国家権力に迫害されています。信仰が民衆の心をとらえるようになると、逆に国家権力はその宗教を認め、自分の秩序のワク組みのなかに取り込んでしまうのです。

　民衆の側に立ち、その苦しみを救うことに徹した行基は、その影響力と技術を、時の律令国家体制に利用され、しまいには「大僧正行基」とたてまつられ、逆に民衆を裏切るのです。

　民衆の宗教は、民衆とともに生きているかぎり、民衆から苦しみを解放する力があるのですが、ひきつけた民衆を国家秩序のワク組みのなかに組み入れてしまうと、逆に新しい苦しみを民衆にしいることになるのです。

　わたしは、人間から生きる悩みや苦しみを解きはなつ理想の道として、宗教は民衆の側に立ち続けるべきだ、と考えます。そこに宗教の存立するよりどころができるのだ、と思います。その意味で、古代に、ちまたで民衆に仏の道を説き歩き、衆生救済をめざした「小僧行基」にひかれるのです。虫けらのように地をはった「小僧行基」の姿に、学ぶべき点を見い出すのです。

宗教と市民運動は異なりますが、ここで「小僧行基」の話を持ち出したのも、それにたことがしばしばあるからです。たとえば、市民運動が行政に組み込まれて衰退していった話はたくさんあります。また、市民運動のリーダーが〝民衆の代表〟のような顔をして体制に組み入れられてしまった話もよくあります。体制に組み込まれると、どうしても当初のエネルギーと純粋さがなくなり、〝腐敗〟が起こるのが市民運動だといえそうです。民衆の側に立ち続けること、つまり〝小僧〟であり続けることが、運動を持続させ、かつ発展させる道だ、と考えるからです。

わたしが大学を卒業する時、ケネディ米大統領が暗殺されました。理想のたいまつを高くかかげて登場してきたケネディの死に、当時大きなショックを受けました。そのころ、ゼミの論文集の編集にたずさわっていたわたしは、時代を反映したものを盛り込むため、急にケネディ暗殺をテーマにした文を書くことになりました。題は「追い詰められた少数派」でした。これはテロリストを含めて、社会の少数派といわれている人びとと現代の問題を論じているのですが、そのなかで、社会の少数派といわれている人びとと共生する道をさがすのが、わたしたちのこれからの課題である、と書いたことを覚えています。そして、その根底をささえるものが人間の愛だ、といったようにも覚えています。

わたしは今日の今日まで淡白な人間、悪くいえば根気のない人間だとばかり思っていましたが、どうしてどうして大学時代から同じテーマでやっているのを、この本の原稿を書きながら発見したのです。よくまあ、あきもせずに、とわれながら感心し、そして、このテーマの道のとおいことにも、あきれ返っています。

いま、わたしがたずさわっています障害児問題は、誰かが取り組まなければならない重要な問題です。それには、気づいた人からまず取り組んでいかなければなりません。道のとおいことも、自分自身の苦しみの多いことも、障害を背負った子どもの苦しみから見ると、何でもないことです。

中世の連歌師、宗祇の一番弟子に宗長という人がおりました。その宗長が編さんした庶民の歌集『閑吟集』に

なにせうぞ くすんで
一期は夢よ ただ狂へ

とあります。この歌が大好きで、いつも口ずさんでいます。いまは「ただ狂ふ」ことのみです。

この本の出版にあたり、森永敦子、森永元、島崎れい子、竹村加寿代、村上良雄のみなさんのきびしく、暖かい応援があったことを記し、ここでお礼申し上げます。

フリースクール事始め

＊『グラスルーツ 第4号』（日本青年奉仕協会、1983年）より転載

昭和58年

21世紀は「ボランティアの時代」だといわれている。現代文明が行き詰まり、現代社会に亀裂が生じている今、われわれ人間が生き延びる道として、ボランティアの役割に大きな期待が寄せられているのである。だが、昨今のボランティア熱の高まりは、それだけではない。時代とともに、人びとの価値観がしだいに変化してきていることも背景にある。

　これまでわれわれの生き方は、財産とか知識とか社会的地位とか権力とか権威といったものを所有することにかける「もつ」様式だった。それが今日多くの社会矛盾を生んできたために、自分の能力をみずからすすんで発揮し、生きがいを感じられる「ある」様式に価値を見い出す人びとがふえてきた。言いかえれば、「人生いかに軌道に乗せるべきか」というよりも、「人生いかに生きるべきか」ということに関心をもつ人びとが多くなってきたのである。つまり、自分らしさにこだわる生き方をする人びとが、ボランティアになっていっているのである。

　これまでのわれわれの生き方である「もつ」様式を支えてきたのは、「もつ」ための

学びを自分たちの手に取り戻す

1983年

学びであったことは言うまでもない。そして、それが今日の学歴社会をかたちづくってきたのである。だが、行き過ぎた学歴社会は、社会を固定化させたばかりか、人びとのあいだに社会的にも、経済的にも、文化的にも格差を広げ、〝落ちこぼれ〟や生徒の暴力や非行を次々と生み出す結果ともなっている。

　こうしたなかで、人間らしく充実した生活を送るには、「ある」ための学びが必要だという認識が、このところ急速に広がりを見せつつある。これが現在の学習熱の高まりとなっているともいえるだろう。そして、それに応えるかたちで学校教育、大学、社会教育、カルチャーセンターのような民間教育のそれぞれのレベルで、学びの機会を提供しようとさまざまな試みがなされている。それらはまだ十分とは言えないけれども、しだいに広がってきている。学習社会の到来は、そう遠くないことだろう。だがしかし、この学習熱のもとで学びの機会を利用しているのは、もちろん、金とヒマのある人びとだが、どちらかと言うと学校教育で成功した人びと、インテリといわれる高学歴をもった人びと、何かするためにはっきりと目的意識をもった人びとが多いといえる。一方、学歴の低い人びと、学校教育から〝落ちこぼれ〟た人びと、働く力があまりない人びと、障害者のような社会的に疎外されている人びととは、学ぶことへの動機が低いか、あるいは学ぶ意欲があっても学ぶ機会にめぐまれないことが多いのである。そのために社会的にも、経済的にも、文化的にも、その格差がますます広がっているのが現状である。

　ほんとうに学習社会を実現しようとする

ならば、そのような人びとの存在を無視してはならない。そういう人びとにも学ぼうとする意欲をおこさせる、また、学ぶことができる工夫が必要となってくるのである。そのためには、学校教育だけが唯一無二の教育と考えるのでなく、いかなる方法、いかなる場所、いかなる時になされた学びであっても、高く評価される社会をつくり出すことが求められる。

　ところで、現代社会で〝もうひとつ〟のパワーとなりつつあるボランティアがめざしている社会とは、一体どんなものなのだろうか。日本のボランティアのタイプは、大まかにいうと奉仕型、自己充足型、社会改革型、そのいずれかを複合させた型などに分けることができる。その志向するところは、対等な個人がつながるヨコ社会、または、自分なりの生き方にこだわる個人主義社会であるように見える。そして、伝統的なタテ社会のなかに、それらを共存させようとしているのではないか。

　このような社会では、人びとは自己実現を重要なものとみなしてくるようになる。それも、他人の自己実現を犠牲にしないかたちでの自己実現である。じつは、この自己実現のための学びこそ、「ある」ための学びなのである。これが社会のあらゆる人びとに保障されたとき、初めてほんとうの学習社会が到来したといえるのである。

　日本の社会は、教育において自由主義であるために、社会的出生が重んじられる学歴社会をかたちづくっている。そこでは「もつ」ための学びがひどく過熱していることは、さきほども述べたことである。その過熱に手をかしている最大のものは、学校教育制度といえないだろうか。日本の学校が教育をするよりも人を選別する機能に落ちてしまっていることは、かねてから指摘されていることだ。そして、そのことによって社会矛盾をさらに大きくさせていることも、誰の目から見ても明らかだ。

今こそ学校信仰から人びとを解放し、教育に関してもっと自由にすべきときではないだろうか。それはとりもなおさず、教育を、自分自身の手にとり戻すことにつながる。教育というのは、本来、教えられたり、教えたりするものではない。自分から〝する〟ものである。

変革の時代だからこそ、学校教育以外のさまざまな学びを創意工夫し、社会のあらゆる人びとが学ぶ機会にあずかるものをつくり出してゆく必要がある。日本で今少しずつ広がりつつあるフリースクールも、そのためのひとつの実験であるといえるだろう。

21世紀はまた、「生涯教育の時代」といわれているが、草の根のところで社会改革と地道に取り組んでいるボランティアにとっても、この教育改革の模索は無関係ではない。むしろ、もっと積極的にかかわりをもつべきことなのである。なぜなら、社会構造は教育構造を支えると同時に、教育構造は社会構造を補強するからである。


この文を書くにあたり、現代のエスプリ別冊『変動する社会と人間』①（至文堂）の「学習社会の展開」を参考にしました。

昭和58年

生活のなかのボランティア学 コミュニケーション

＊『グラスルーツ 第6号』（日本青年奉仕協会、1983年）より転載

アメリカの都市を旅行して、町の案内や公共施設の標示が見事なのに感心したことがあります。面白くてわかりやすい案内や標示がいたるところにあるので、〝ジャック・アンド・ベティ〟英語しかしゃべれない者でも、それに従えば目的のところまで行けるのです。

案内や標示だけではなく、展示なども楽しめるように工夫をこらしているのにも感心しました。有名なスミソニアン博物館の航空機展示館では、子供から大人まで、また、ことばがわからなくても航空機の発達の歴史がわかる仕掛けになっているのです。たいていの人は、見終えたとき、〝航空機博士〟になったような気分になります。

アメリカという国は、ものごとの伝達になぜこうも工夫をこらすのか、を考えながら旅行したわけですが、だいたい次のような理由があることがわかってきました。

ひとつは、アメリカは人種のルツボで、いろんな人びとが暮らしているのですが、アメリカ人なのに〝英語〟が話せない人がたくさんいるということです。もうひとつは、日本と違って文盲率が高いため、文字の読

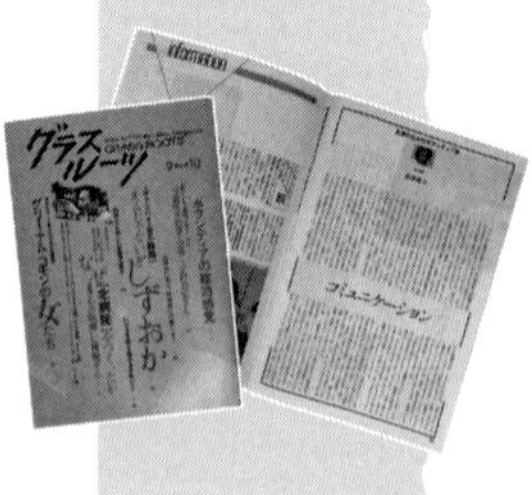

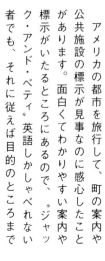

めない人が多いということです。こういう事情から、ものごとを伝達する場合、それをデザイン化して視覚に訴えるやり方をするのだなと思ったわけです。

アメリカ人のものの考え方の根底には、「人間みな同じ」だけれども、「人間みな違う」という認識があるように思います。皮膚の色、髪の色、目の色、話すことばはみな違うけれども、人間は同じである。しかし、同じ人間であるけれども、ものの感じ方、ものの見方はみな違う、という認識なのです。そういう人間同士が、おたがいにわかり合うためにどうしたらいいのかということから、面白くてわかりやすい伝達方法が生みだされてきたように思うのです。

人間みな同じで、人間みな違う

1983年

ところが、日本は日本人が圧倒的に多いために「人間みな同じ」という認識はあっても、「人間みな違う」という認識は少ないように思うのです。「以心伝心」とか「腹芸」ということばがあるように、人間みな同じだから最後はなんとかわかり合えると思い、人間同士のコミュニケーションについてあまり考えてこなかったのではないでしょうか。(これが、現在、国際化時代になって、異文化の国々とさまざまなトラブルを起こす原因になっているように思えるのです)

「人間みな同じ」という認識が揺らいでいるのが、今日の日本人であるといえるでしょう。現代では他人のこと、隣人のことがどれだけわかっているか、と改めて問われれば、ほとんどの人は「あまりよく知らない」と答えるに違いありません。これまでは知っているようで知らないのが他人の仲だったのですが、近ごろではまるっきり無関心になってしまっているのです。

それは他人や隣人だけではなく、家族のあいだにも及んできています。親は子供が何をしているか知らないし、子供は親が何をしているか知らないのです。ひとつ屋根の下に暮らしていても、それぞれが自分の部屋に閉じこもっているのが現代の家族で、このような家族は〝ホテル家族〟というふうに呼ばれています。親と子が別々の人間であることがわかるのが、ある日突然、子供が親に暴力をふるいだしたとき、というのはまったくの悲劇（喜劇）でしかありません。

このようなコミュニケーションの欠如という状況のなかでは、「人間みな違う」ということを再認識することが大変大切になってきます。自分の見ている世界と同じ世界を他人も見ていると思ってはならないことを、わたしたちは忘れがちです。そのことへの反省が必要なのです。「人間みな同じ」という大前提に立ちながらも、「人間みな違う」という認識をもつことが、おたがいの理解を深め、コミュニケーションをよくする第一歩になるのです。

グラスルーツ
歴史
"横行時代を切る
Charity
自然の

「面白人間」って何だろう

＊『グラスルーツ 第8号』（日本青年奉仕協会、1984年）より転載

昭和59年

マジメ人間がマジメに笑い、マジメに泣き、マジメに怒り、マジメにあやまる。そして、マジメに人を殺す。わたしたちは、いつのころからこんなにマジメになってしまったのだろうか。時代は面白くなってきているというのに、かんじんの人間が面白くなくなってきているのだ。

日本人はほんらい面白人間だったのだ

民俗学者、柳田國男のえがく〝日本の神様〟像を読んでいると、日本人ほんらいの個性とか心が浮かんでくる。柳田は次のようにいっている。

　日本の神様は、死というものをとおざける。したがって、楽天的で哲学的深みがない。

　日本の神様は、何ごともこの世が中心である。現世的で死後の意味をめぐっての論争など好まない。したがって、浅くて明るい。

　日本の神様は、変幻自在である。時には田の神になったり、時には山の神になったり、時には氏神になったりする。

　日本の神様は、にぎやかなことが大好きで

ある。淋しがり屋で孤独が大の苦手である。

日本の神様は、天の岩戸の時代から宴会が好きである。酒好き、芸能好き、歌舞音曲が大好き。いつも大勢の人といることを好む。

日本の神様は、好奇心が旺盛である。スポーツからわざおぎ（俳優芸）まで新しい風流、だしもの、奉納行事に目がない。とりわけ外来の客人を歓迎する。

日本の神様は、遊行性がある。春は田に下り、冬は山に上がる。祭礼の日には、舟に乗ったり、ミコシに乗ったり忙しい。とにかく出歩くのが大好き。年がら年中、遊行ばかりしている神様さえいる。

日本の神様は、寛容である。自分の社《やしろ》に他の神様が住みついても異議をとなえない。ひととき、仏様に宿を貸していたことさえある。「敬神というのは、他人が信じている神様を尊重することだ」とさとしたぐらいだ。

1984年

もっとも笑うやつが最後に勝つ

日本の神様は、平衡感覚がよい。スサノオとアマテラス、悪霊と天神、根くらと根あか、マイナスとプラスを気軽に組み合わせ、バランスをとり、うまくまるめていくことがうまい。夏祭りなどはたいがいこの方式で、そのかわり華やかに飾ってやる。

神様は、民衆の共同幻想といわれる。民衆は、自分の理想的な姿ににせて神様をつくるからである。柳田のえがく〝日本の神様〟像から、日本人ほんらいの個性とか心がイメージできはしないか。つまり、遊びの精神をもった面白人間が、ほんらいの日本人ではなかったたか。

遊びの精神が時代をつくる

ところが、遊びを〝悪〟とみなし、マジメ人間がよいとされたのは、いつごろのことだろうか。

それは、日本の近代化のなかで生まれてきた新しい日本人像といえる。富国強兵のかけ声のもと近代化をすすめるなかで、生産的な人＝働き者＝遊ばない人＝マジメな人＝望ましい人、という図式が定着したのである。TVドラマの「おしん」は、この図式を体現化した人といえるのではないか。無数の「おしん」たちが耐えて、がんばったからこそ、日本はみごとに近代化をはたすことができたのである。がしかし、無数の「おしん」たちが耐えて、がんばったからこそ、日本は戦争にまで突入してしまったことも忘れてはならないことである。

ここで「おしん」論をのべるのが、ほんらいの目的ではない。とにかく、日本が近代化を実現し、工業化社会になったときから、日本人は労働という強制から解放されつつあるのだ。長い歴史をつうじて、人間は生きるために労働というものを要求されてきたし、その労働をとおして生きがいを得てきた。だから、どんなに労働がつらくても、それによって生活に意味を与えることができたのである。

しかし、今日の工業化社会は、わたしたちをただ生きていくために時間をついやすという状態から脱けださせつつあるのだ。何をしてもいい、何もしなくてもいい、という「時間」と「自由」をもたらしたのだ。これまでのマジメなライフスタイルを変えざるをえないような時代に、わたしたちは立っているのである。

時代があらたまろうとしているとき、遊びの精神が活発に働く、といわれる。ホイジンガは『ホモ・ルーデンス』のなかで、「およそ社会生活の大きな基本的パターンが生まれてくるときには、遊戯の因子がきわめて活発に働き、このうえなく豊かなうねりをもたらしている」といっている。いまが、まさに、そんな時代にあるのではないか。ここでは、遊びの精神をおういつさせた面白人間が、変革のにない手としてクローズ・アップされてくる。

ところが、まだまだマジメな営みはマジメな精神の持ち主によってなされる、とかたくなに信じている人が多いのだ。面白いコトをやっている人が〝白い眼〟で見られがちなのはこのためである。マジメ人間から見た面白人間のイメージは、たぶん、このようなものだろう。

「誇大妄想狂」――いつも大きな夢を見ていて、それをぶち上げるのが大好き。広げた夢をたためるかどうかは別のこと。早くいってしまえば、ホラ吹き。

「放蕩」――実人生から見れば虚しいことに熱中している。熱中するがあまり実人生を台無しにすることもある。ウツツをぬかして家庭をかえりみず、家庭争議をおこすたぐいである。

「無頼」――社会体制やルールを平気でぶちこわす。権威にたいしても謙虚でない。いつもアウト・サイダーきどりでいる。

つまり、マジメ人間にとっては、「狂気」としかとらえられないのである。

だが、この〝狂気〟というのは、がんじがらめの日常からの脱出、あるいは自由な批判といえないだろうか。そもそも人間が遊ぶということは、自由になることである。この自由というのは、現実から逃げることでもなく、別の世界へ行くことでもない。遊びの精神を現実のなかにとりこむことである。言いかえれば、この現実に、自分の価値観をつらぬきとおして生きる、そういった自由なのである。

面白人間であるための条件

世のなかの面白いコトは、遊びの精神から生まれてくるのだが、ここでいう遊びとはどのようなものだろうか。「遊び」の権威、多田道太郎さんによれば、「遊びは何かのためにする活動ではなく、それ自体が目的となっている活動である」となる。

遊べば、いままで見つからなかった何かにぶつかる可能性もあるけれども、ないかもしれない。遊べば、面白いエキサイティングな何かが生まれてくるかもしれないけれども、ないかもしれない。〝半信半疑〟なところが遊びの面白さである。ところが、マジメ人間が遊べば、大マジメにやってしまって身を滅ぼすことがよくある。マジメな人がギャンブルにとりつかれ、破滅の人生を送るのが、その典型といえる。また、マジメ人間が遊べば、やたら意義や意味を求めたがり、せっかくの面白いコトもしなやかさをなくしてしまう場合がよくある。

これなどは、遊びはほんらい無意味なもので、その無意味さのなかに何かがあるのだ、ということを忘れてしまうことから起こるのである。

それでは、遊びの精神をもった面白人間であるための条件は、どのようなものがあるのだろうか。

未知の世界にあこがれる気持ちが人一倍強いこと。未知の世界にたいし不安をもつ一方、あこがれをいだくものであるが、そこでの意外性を期待する心が、面白いコトに向かわせるのである。

モノゴトを積極的に面白がる精神の持ち

主であること。軽薄といわれようとも、何ごとにも首をつっこみ、「忙しい」「忙しい」といいながらもコトに巻きこまれ、最後には快感すら覚えるような人間である。

意味のないコトやムダなコトに意義を認めるセンスがあること。まわりの人間が「くだらない」といっているコトに面白さを発見し、それがいかに面白いかを、まわりの人間が閉口しているにもかかわらず、トクトクと語るような人間である。

権威にたいして抵抗感をもっていること。これまでの価値観・意味・制度といったものからの解放を求めているのにもかかわらず、権威から「謙虚でない」「ツッパってる」と誤解されている人間である。

音感・リズム感がよいこと。音やリズムに乗って空想の世界に遊べるようなイマジネーションの豊かさは、〝感じる文化〟の時代にはかかせない。人生をスウィングしている人間は最高。音感・リズム感がもうひとつでもカラオケのマイクを若者ととりっこするような人なら大丈夫。

このようにあげていけばキリがないが、とどめは、もっともよく笑うやつということになるだろう。これは、「もっともよく笑うやつが最後に勝つ」という民衆の哲学から借用したものである。

ヨコ型社会システムとしてのネットワーク

＊『グラスルーツ 第13号』「ネットワーキングの研究 ヨコ型社会システムとしてのネットワーク」（日本青年奉仕協会、１９８４年）より転載

昭和59年

ふたつのネットワーク

日本でいま、ネットワークという言葉に熱いまなざしがそそがれている。これまでネットワークといえば、テレビの放送網をさしていたが、最近、政府はじめ行政や産業界でもネットワークという言葉が盛んに使われだした。コンピューターやデータ通信などニューメディアを活用したＩＮＳ（高度情報通信システム）などを使って、総合データ通信網づくりもすさまじい勢いではじまっている。

もうひとつの

いまのところ、それらは行政や企業の活動の効率化をめざすことに主眼をおいているが、それらを使って国家レベルの高度情報社会、いわゆるネットワーク化社会を目標にしていることは明らかである。そこに巨大テクノロジーによる巨大管理社会が浮び上がってくる。

ところが、その一方でこうした動きとは別に、市民運動、住民運動やボランティア活動をしている人びとのあいだからも、ネットワークの必要性が叫ばれだした。核や食糧やエネルギーや環境の問題から教育や福祉や医療の問題まで、今日のわたしたちが直面している

さまざまな問題を解決するために、言いかえれば、「サバイバル・ウォーズ」(生き残りの戦い)から脱出するために、運動や活動のちがいを超えて個人と個人のむすびつき、集団と集団のむすびつきを求める動きが強まってきているのである。そうした動きをネットワーキングと呼んでいるが、要約していえば、共通の価値観をもつ人びとが、これまでの思想体系やイデオロギーや考え方にとらわれず、地域や組織や職業上の立場や制約を超えて、社会資源を共に分ち合うために情報を交換し合うことである。

ネットワーク化というのは、情報化社会が生んだ社会現象でもあるが、ここでいう「情報化」というのは、さまざまな情報が生活資源として独自な価値を認められ、人びとの思考や行動にいろんな影響をおよぼしていくプロセスをいう。そして情報化社会というのは、技術革新によってもたらされる高度の情報、と

1984年

共生の試み

りわけ科学や技術の情報が、人間のよりよい生活のために新しい力を発揮するであろうと期待される社会である。と、このようにいうのも、人間にとってよりよい生活は、必ずしもよい生活になるとは限らないからである。それはともかくとして、情報化社会においては、知識の生産を組織化することによって新しい価値が生じてくる、という共通の認識がそこにある。つまり組織や人間やモノを動かす情報そのものに価値、あるいは力があるという「知識価値説」にもとづいて、ネットワーク化がすすんでいるわけだが、そこにふたつの基本的に異なる点がある。それが超高度産業化社会をめざすためのものか、脱産業化社会をめざすためのものか、ということである。

この超高度産業化社会というのは、最先端の技術革新に導かれたテクノクラシー的ユートピアである。そのためのネットワークは、アメリ

力の経済学者、P・ドラッカーの「知識の生産力は生産性、競争力、経済目標達成への鍵となった。いまや知識それ自体が主要産業となり、経済にたいして欠くことのできない中心的な生産資源を供給している」という言葉にも見られるように、生産信仰と呼ぶべき生産主義にもとづいている。一方、もうひとつの脱産業化社会というのは、生産信仰をささえている競争原理にとって代わる、人間がより人間らしくある共生原理にもとづく脱文明社会である。

ここで問題となるのは、巨大な資本力で巨大なネットワークを形成すれば、情報の所有量の差によって新たなる社会矛盾を生じさせるおそれがあることである。これまでの成長を維持するのに情報を効率よく集中管理するためのものか、共生社会をつくるのに情報を役立てるためのものか、つまり誰のためにそれが活用されていくのかによって、ネットワーキングはまったくちがった役割を演じるのである。

オルターナティブな共生の試み

それは、わたしたちの未来をどう見るか、ということともからんでいる。わたしたちはいま、未来を想像するにしても現在を延長する形でしか描けなくなっている。テクノクラシー的ユートピアは、60年代なかばまでは信じられていたが、このまま成長をつづけると破滅に向かうしかないことがしだいに明らかになりつつある。それはもはやネガティブなユートピアになってきているのである。

つまり、わたしたちは、ふたつの暗い未来にはさみうちに合っているといえる。ひとつは、現代文明の破局という未来。もうひとつは、成長が止まったとき、自分たちの生活がおびやかされるという未来。このふたつの未来のうち、わたしたちが選ぼうとしているのは、自分たちが生きているあいだはまだなんとか操作できる未来である。このままの状態を維持するために成長を継続する、そのツケは次の世代にまかせばいいというわけである。

　このような時代状況のもとで、近年、共に生きるために、ともかく暮らしてみたいと思うポジティブな世界像を、自分たちの手でつくり上げていこうという動きが目立ってきている。それも政治や経済やマスコミの中心からはずれたところで激しく進行している。それは人びとの意識の変化と呼んでもよく、もはや少数の人びとの仮定でもなく、現実になってきている。

　これをひと口でいえば、オルターナティブな共生の試みといってもよいだろう。このオルターナティブというのは、ほんらい両立しえないものの選択を意味するのだが、「もうひとつの」と訳されるように、これまでと異なった行き方、やり方を提案することである。そのようなオルターナティブな生き方をする人びとは、自分では達成できなくても、他人よりも多くの高度の要求を自分に課している人間といってもよいだろう。また、遠い未来においてはじめて到達できるような目標をさだめ、個人の生活をそれに向け、その小さな変化のなかで生きる喜びや意味の充実を体験する人間といってもよいだろう。そして彼らは、モノをつくるプロセスを出来上がったモノと少なくとも同じくらい重視し、何かを手に入れる方法について注目し、そこからまったく新しいクオリティを生みだそうとしているのである。

　これがネットワークする人びと、すなわちネットワーカー像ということになるのだが、「そもそも人間とは何ぞや」と考えてみると、わたしたちはもともとよりネットワーカーではなかったか。というのも、人間という動物は、生きるために情報収集を習性とする生物体で、生存目的のためにその環境について情報をより多く取り入れ、利用する能力をもっているからである。人間のような温血動物である哺乳類は、外界の温度にもかかわらず体温が保てるので可動性をもっているわけだが、それだけに情報収集と知恵を身につける機会にもめぐまれているのである。動物学者のD・モリスの『裸のサル』によると、人間のような最も高度な哺乳類のおもな特徴は、「豊富な情報を取り入れて用いるために必要な身体の構造や神経系組織にあり、同時にこの情報を確実に分かち合うための社交性にある」といっている。これらの特徴は、「裸のサル」である人間において最高に発達をとげたのである。すなわち人間にとってネットワークは、「身体の構造や神経系組織」の第二の自然として、必然的に形づくられてくるものではないだろうか。

ところが、情報化社会のもとで情報があふれているにもかかわらず、生きるためにほんとうに必要な情報が手にはいらないというのが、わたしたちの生活の現実である。その一方で疎外感も深まっている。そうしたなかで、人びとはコミュニケーション・メディアの発達もさることながら、もっと大切なのは人間らしく生きるための、ほんとうに必要な情報を得ることだ、ということに気づいてきた。そして人びとの豊かで自由なコミュニケーションであって、創造的な知恵とみずみずしい感覚に満ちあふれ、人間や資源を過不足なく適所に配分し、社会生活の仕組みを適正なレベルにたもちながら、環境の変化に適応していく、そんな情報システムを求めはじめたのである。

樹木型システムから根茎型システムへ

世界中に張りめぐらされつつあるネットワークは、横断的連絡に組み込まれた現代の社会組織である。日本のオモテ社会にあるようなフォーマルなタテ型社会組織ではなく、インフォーマルなヨコ型社会組織である。建築＝環境デザイナーのCh・アレグザンダーは、『都市は樹木《ツリー》ではない』のなかで、現代の社会組織モデルに樹木型と網の目型のふたとおりがあることを指摘している。彼はプランナーによってつくりだされた人工都市が、長年にわたって自然にでき上がってきた自然都市にくらべて、本質的に何か欠けていると感じられるのを突きつめていき、それが樹木型《ツリー》であって網の目型《ラティス》でないことに注目した。そして、このモデルをさらにすすめたのが、フランスの哲学者、G・ドゥルーズと精神分析学者、F・ガタリの樹木型《ツリー》と根茎型《リゾーム》の対比である。

樹木型というのは、樹木からもイメージされるとおり、ひとつの幹から出発してしだいに枝分かれしていく、言いかえれば、唯一の原理がいちばん最初にあって、それからサブ原理が派生し、さらにそれが段階的にこと細かく分化されてすそ野に広がっていく組織のことである。その典型が官僚組織であり、官僚的組織を社会レベルまで広げた管理社会であることはいうまでもない。そこではタテの関係が最優先となり、情報の伝わる経路も、命令という形になることが多いが、それは前もって決められている。個人は樹木型組織の一定の位置を占める部分品のひとつにすぎない。

このように樹木型組織が固定的、閉鎖的であるのにたいして、根っこからもイメージされるとおり、根茎型組織は動的、開放的で、どことなくとらえがたいのが特色である。したがって、その要点をあげることは簡単ではないけれども、それをあえてすると、第一に、根茎型組織は異質のどのようなものとも結合でき、結合しても決して従属関係をとらない。第二に、根茎型組織は多様体であり、主体も客体ももたず、いろんな大きさや次元をもつにすぎず、それが増殖すると、その性質も変えていく。そして多様体は内部に統一を求めず、外からの評価によって定義される。第三に、根茎型組織はどのような任意の一点でも切断されうるし、節目をそなえたいろんな線を含んでおり、それらの線にしたがって組織化されていく。と同時に、つねにあいまいさも含んでおり、それらを介してたえず別のものへと脱出する。第四に、根茎型組織はいかなる構造モデルにも、生成モデルにも属さない。

アメリカのネットワークを調査した『ネットワーキング』(J・リップナック、J・スタンプス著)は、1600ものネットワークを観察し、「治療のネットワーク」「共有のネットワーク」「資源利用のネットワーク」「価値のネットワーク」「学習のネットワーク」「成長のネットワーク」「進化のネットワーク」と7つの群に分類している。ほんとうは、このような根型組織を類型化することは困難な作業といわざるをえない。普通、ネットワークはいくつもの目的性をもっており、その領域にはあいまいさがつきまとうからである。そこからネットワークがつねに正体不明のものとして見られたりする。しかも、ネットワーク組織のなかには不安定なものも少なくなく、すぐにつぶれてしまうものも多く、別のところでまた新しい組織が生まれるといったぐあいで、何かつかみどころのないものとしてとらえられている。だからネットワークが網の目のように張りめぐらされようとしているにもかかわらず、これまで社会的にもあまり注目をひかなかったのである。

共生社会をめざす新しい思想運動

ヨコ型社会システムであるネットワークは、組織であるけれども、運動でもある。ネットワーキングは、社会の変動時期における人びとの世直し欲求、あるいは安定期における満たされないものを満たそうとする欲求や生きがいの模索が、共通の価値観のもとで共生感を味わおうとするときに生じてくる人びとの思想運動といえるだろう。したがって、ネットワークは社会変化と大きく関係してくる。社会変化とネットワークの関係を考えるとき、三つの見方がある。ネットワークが変化を促すという、ネットワークを独立変数とみる見方。変化を抑止するという、ネットワークを媒介変数とみる見方。逆に変化がネットワークを衰弱させたり、展開させたりするという、ネットワークを従属変数とみる見方である。

　さらに社会変化にたいするネットワークの作用の仕方を見ると、変動創出的、変動促進、変動順応的、変動抑止的の四つのパターンがある。例えば、反核運動のネットワークは、人類を破滅から救うために変動抑止的であるし、平和を実現するために変動創出的である。有機農業に取り組む人びとと安全な食品を求める人びとがつながるネットワークは、危険な食品の氾濫を防止するために変動抑止的であるし、安全な食品をつくりだすために変動促進的である。障害者のセルフヘルプ・グループのネットワークは、激しく変わる社会に適応していくために変動順応的であるし、生活圏の拡大のために変動創出的である。町づくり、ムラおこし運動のネットワークは、過疎化や都市化の波にのまれていくのに対抗するために変動抑止的であり、地域の活性化のために変動創出的である。このようにネットワークの多くは、同時にいくつもの複雑なパターンをとるのが普通で、自由自在を特徴としている。

　こうして見るとネットワークは、固執すべきものではなく発展すべきものであり、相対立するものがせめぎ合ったり、これまで結びつかなかったものが結びついたりするところであることがわかる。そして多様なものがぶつかり合えば合うほど、創造に向かっていくという創造の根源であるといえる。そのようなネットワーキングを発展させるには、運動体としての組織構成や、そこにつどう人びとのキーパーソンの資質が大きく左右する。その特徴的なものをいくつかあげると——。まずもって運動や組織に自由さがあること。そこでの権限や責任を各個人に分散させ、自主管理がおこなわれ、参加する民主主義をとっていること。学歴とか肩書とかがものをいう名詞の世界ではなく、実力がものをいう動詞の世界であること。男女平等で活動ができること。その点、全国のネットワークのうち活発な活動をしているところで、男女平等というよりも女性が主力となっているのは興味深い。

そしてネットワーカーと呼ばれる人びとは、実践によって自分たちの価値観の正しさを確信し、ネットワークを広げることに熱意をもっていることはもちろんだが、他人の悩みや問題にたいして見せかけてないまことの共感や同情をもたなければならないのである。また同時に、ネットワークそのものもメンバーの感情、信念、体験、流儀といったものを象徴的に表現することを可能にするものでなくてはならないのである。といえば、いかにも一般大衆に喜ばれそうもないいい方になってしまうが、もう少しわかりやすくいえば、個人個人が自分の流儀をもって自分の生き方を生きていく、そういう人びとの集まる小さな集団が市民運動、住民運動と重なり合っている、そんな生き死にのある運動がネットワーキングといえるのかも知れない。そこに人びとが新しいよりどころを求めるとすれば、それは「見えない宗教」にも似ているといえなくもない。

いま、わたしたちが近代化のなかで失なってしまった連帯と共同体感覚を取り戻す新しい動きが、いたるところではじまっている。そのためにまず、管理社会のなかに文化的な自由空間をつくる作業からはじめようというのが、ネットワーキングといえるだろう。それはまさに共生社会をめざし、人間らしい生き方を求めるもうひとつの提案といえる。

GRASS ROOTS
ISSUE 2
ふたつのネットワーク
としてのネットワーク
播磨靖夫
「ネットワーキング」って何だ
GRASS ROOTS
9 ISSUE 10

ブリコラージュ感覚で愉しい生活

＊『グラスルーツ　第17号』「暑中お見舞読み物　ブリコラージュ感覚で愉しい生活」（日本青年奉仕協会、1985年）より転載

昭和60年

創造しよう

「裏作」が「表作」を救うか

新風営法でポルノなどが規制され、世の中明るくなった（ネオン街は暗くなった）と思ったけれども、自称、裏文化評論家たちの話では、なかなかどうして裏文化は花盛りだそうです。裏ビデオ、裏本のすごいのが出回っているといいます。どうも人間は〝表〟よりも〝裏〟の方が好きらしい。たしかに、表通りよりも裏通りの方が、何が出てくるかわからないビックリ箱的面白さがあってワクワクします。人間だって、裏表のない人よりも表と裏のある人の方が魅力を感じます。裏のもつ冥い部分を忌みつつも、魅了されてしまうのが人間なのでしょう。

さて、同じ裏でも「裏作」の話です。このあいだの新聞に、中国山地の奥にある島根県美濃郡匹見町ではじまったお椀づくりの話が出ていました。取り組んでまだ1年あまり、技術を修業中なので値段もついていないが、みごとな出来ばえだとい

います。ここは山に埋もれた過疎地。かつては木炭の生産地でしたが、とっくにすたれ、森林の多くは、雑林としてパルプの材料に切り出されてきました。「このままでは山は裸になってしまう。山を守り、過疎地で生き延びる方法はないものか」と模索していたところ、モノづくりのプロのアイデアと技術が結びついて、山を育て町を活性化させる手段として、お椀づくりがはじまったのです。技術指導にあたっているモノづくりのプロは、「木材になる良木を残し、雑木は適度に間伐して木製品に利用すれば、パルプ材の百倍の値打ちが出る。山も育つ。お天とう様が育ててくれたものを、ただ切り出すだけでは、縄文経済じゃないか」と、生まれて初めてろくろと取り組む町の人びとに〈モノをつくる〉意味を教えているそうです。

「裏作」で何かを

1985年

　この記事が目にとまったのは、町の人びとがこのお椀づくりを「裏作」と呼んでいたからです。これらの〝職人〟たちは、農業、左官、林業、ヤマメの養殖とそれぞれに本業をもっています。かつての日本は、このような「裏作」が盛んでした。現在、民芸と呼ばれているものの多くは、この「裏作」芸であったのです。売ることよりも、まず自分たちが使うことを第一につくられた「裏作」芸は、すそ野の高い文化を形づくっていました。しかし、近代化の波にのまれ、とりわけ大量生産・大量消費の時代にはいって「裏作」はカゲをひそめていきました。

ブリコラージュ花盛り

この記事を読んだ数日後、フランスから帰国した友人と雑談しているうちに、フランス人のブリコラージュ熱に話がおよびました。フランスでは日曜大工をブリコラージュといい、日曜大工をする人をブリコラーと呼んでいるそうです。パリの高級街と下町を結ぶリボリ通りのデパート「BHV」の土曜日は、ブリコラージュの材料、道具を買い求める人でたいへんな人出だといいます。フランスの家庭の85%はブリコラーという推計もあるそうです。

ブリコラージュというのは、もともとは「自分の手で職人に比較される手段を使って仕事をする」ことですが、一般には「あらゆる仕事に手を出す」というふうにいわれています。できあいの材料をできあいの知識と道具をたよりに、なんとかつくり上げる。もちろん、その場かぎりでは目的は明確で、仕上がりのイメージをもっているが、そもそもが完結することのない過程でしかない。つねにありあわせのもの、いつでも有限で、身近にあるちぐはぐな道具と材料のセットでやってのけるのがルールです。

このブリコラージュと同義語で使われているのが、ドゥ・イット・ユアセルフ(DIY)です。第二次大戦後、荒廃したイギリスで国土や都市を自分たちの手で復興させようとはじまった運動が、その起こりといわれています。いまでは日曜大工の代名詞として使われていますが、日本でも年々DIYが盛んになり、それらの材料や用具をあつかう専門店もふえてきています。

DIYがイギリスで生まれたことは、その国民性にもよります。というのは、イギリス人はもともと個人主義で、自分の生き方、流儀にこだわるうえに、限られたものを組み合わせて新しいものを生みだすのにたけているからです。すなわち、有限なものと有限なものを組み合わせて再びクリエイトする（recreate）のが上手なのです。現在、わたしたちが楽しんでいるスポーツの多くが、イギリス生まれであることからもよくわかります。スポーツは有限なものの組み合わせの中に、どれだけ自由が楽しめるかという面白さから成り立っているのです。

フランス人もまた、イギリス人にひけをとらないぐらい個人主義の国民性をもっています。それは、イギリス人以上かもしれません。たとえば、「装いとは自分の個性にあったものであるべき」というフランス人のおしゃれ哲学などはその典型といえるでしょう。友人の話では、フランスの女性は他人と同じ服装をするのを避けるために、自分しか着れないものを一生懸命に探すそうです。日本人のように他人と同じでないと流行にのりおくれると考えるのと違うのです。

フランスでブリコラージュが盛んなのは、個人主義という国民性にもよりますが、もうひとつシステムDの伝統があるからだといいます。正確にいうと、システム・デブルイエといいますが、「もつれをほどく」という意味から転じて「機転をきかせるシステム」というふうに考えられています。独創的なアイデアをひねり出す基本精神といってもいいでしょう。たんなるブリコラージュよりも、あり合わせのもので創意工夫をこらし状況を切り抜けていくという積極的な意味がこめられています。

人間性回復の手段

ブリコラージュは、いまや世界的な流行になりつつあります。なかでも工業化のすんだ先進国においては、ブリコラージュは趣味の域を超える重要な意味合いをもち出しているのです。仕事がだんだん官僚的で、しかも非創造的になってきているからです。かつて労働はほとんど手仕事でした。素材を加工することから仕上げまで一貫してつくるのが当たり前でしたし、その過程を見ることもできました。ところが、現代の労働は、オートメーション化がすすんだため部分品をつくることが多く、その過程を見ることもできません。IC（集積回路）やLSI（大規模集積回路）といった先端技術が使われ出してからはなおさらのことです。そして仕事のリズムも早くなり、労働から人間の重要性が薄らいできています。

このような状況のもとで、人びとは人間として何かもの足りなさを感じるようになってきたのです。自分は所詮、部分品（パーツ）にすぎないという無力感をいだくようになってきたのです。これは、生産第一主義で社会全体が管理社会化した工業化社会では避けがたいことでもあります。生産性を高めることがみんなの幸福につながる、ということで効率一辺倒になり、それに役立たない熟達や能力は軽視されてしまい、社会全体に官僚システムが行きとどき、人びとが冒険や挑戦を行なうことをむずかしくしているのです。そのために人びとはひどい失敗や経験をしないかわりに、自分なりに工夫してものごとをやり遂げた、という成就感もあまり経験しなくなったのです。

そこで素材から仕上げまでの全過程を自分の手でやれる、本業のほかにも一人の人間として何かができるという効力感を味わえる、「裏作」としてのブリコラージュが盛んになってきたわけです。この効力感というのは、無力感と反対の「努力すれば好ましい変化を達成できる」という自信や充実感をもたらしますが、それだけにとどまらず、それがバネになって意欲的にいきいきと環境に働きかけていく力も与えます。

工業化社会はまた、労働の強制から人びとを解放し、自由時間を飛躍的に増大させました。そして、それにともなって自由時間の活動の個性化もいっそうすすみ出しました。これまでのレクリエーションは、労働力の再生産のためのものでした。レジャーといえば、行楽地へ旅行をしたり、スポーツをしたり、ゴロ寝をしたりが主流でしたが、ここ数年、自分を啓発する時代にはいりつつあります。つまり、巨人の庭(地球)の園丁《えんてい》になりたい、という人がふえてきているのです。

日常の管理化がすすむ一方で、自由時間にこそ自分の手で何かを創造しよう、そして人間性を回復させようという意識が芽生えてきたといってもいいでしょう。それは、仕事からの逃避ではなく、人間として自立するための不可欠な行動といえます。そういう意味では、ブリコラージュやDIYはたんなる遊びではありません。人間が人間らしくあるための手段になってきているのです。それは、高度情報化社会になればなるほど見直されてくるでしょう。

ブリコラージュは新回路探し

このようなブリコラージュの現代的な意味を評価したのが、文化人類学者のレヴィ＝ストロースです。現代の〝文明的な〟機械作業と対立するものとして、身近にある箇単な、しかも多目的に使える道具や材料を自由に組み合わせて、多くのものを創造することをブリコラージュと呼んだのです。もちろん、レヴィ＝ストロースは、日曜大工の愉しみを説いたのではなく、袋小路にはいってしまった現代人の発想の転換をうながすために、使いふるした回路を捨て、混とんを見通す回路を発見するために、技術的な面よりもむしろ知的な面でのブリコラージュの重要性を指摘したのです。

いうまでもなく、知的ブリコラージュを愉しむためには「頭のかたいまじめ」というヨロイ・カブトから解放されなくてはなりません。まじめというのは、ひとつの現実に固執してしまっていることで、「自分で問題を見つけ出し、ブリコラージュの手法を駆使して解答のきっかけをつかむ能力をやしなおうとしない人びとに与えられた総称」（文化人類学者、山口昌男）であるからです。まじめの反対、非まじめというのは、いくつかの現実に同時に属することによって、演技者にして観客のようなもうひとつの「私」をもつ、しなやかでしたたかな知の構えといってもいいでしょう。日常の現実に弾力性を与えていこうとするもうひとつの生き方といえるでしょう。

ブリコラージュやDIYは、ドゥ・イット・ユアセルフを超えて、いまやディスカバー・アイデンティティ・オブ・ユアセルフ（あなた自身の発見）の時代といわれています。意味で固められた日常に弾力性をつけ、そこから社会全体を変えていく、そんなブリコラージュ感覚が、いま現代人に求められているのです。

あとがきにかえて――斜めはすかいで異所懸命に

2024年6月1日、奈良市内の中華料理レストランで、エイブル・アート・ムーブメントの活動をともにしてきた各地の仲間たちに語ったこと。

せっかくみなさんが来られたので、遺言ではないけれど、これまでのことを少しお話ししたい。僕が今までやってきた手法は、〝斜めはすかい〟。障害のある人の作業所をあちこち見てまわると、生産性の低い仕事を障害者が黙々とやり、職員も暗い顔をして見守っている。この構図をやめたいと思った。

それで、アートをやりたい、と先例などを参考にしながら、アートを主軸にする、エイブル・アート・ムーブメントをおこした。

Good Job! センターでも、トラディショナル（伝統工芸）を正面からやるのは、時間と労力がかかる。障害のある人がずっとやるのはむずかしい。そこでポップなクラフトに、ということで、うまくいっている。

やはり、まともにやったら、福祉なんて、大変なのよ。障害のある人も大変やけど、スタッフも大変。それを、斜めはすかいでやっていくと、いろいろな活路が見えてくる。これが、僕のやってきた手法やね。

福祉の人からは邪道だと言われたけど、結果としてはやっぱり成功事例になっているんじゃないかな。みなさんもぜひつづけてやってほしい。

まともにやって、重くなって沈むよりも、斜めはすかいでやってほしい。アートをやって、大変な苦労もあるかと思うけど、それは間違っていない。だけど、そこに留まってはだめ。斜めはすかい、斜めはすかいでやっていくと、いろんな分野とつながっていくし、クリエイティブなことができる。

経営で大切なものは3つあって、財源と人材と戦略。

財源は、ひとつだけでなく、複数のお金のもとをもつこと。なにかあったときに、それが必要になる。国の補助金だけを頼るよりも、複数もっているとなんでもできるからね。その開発を熱心にやっていく。

人材は、次世代を必ずつくらないといけない。自分たちの代だけでいけると思っていても、あっという間に年をとる。うしろを見ると、誰もいない、ということはいっぱいある。だから次の世代をつくる。人が育つには、5年、10年かかる。時間がかかるから、少しずつ学んでもらう。もちろん基礎は基礎として尊重しないといけないが、若い人たちが盛り上がってきたら、かさぶたは邪魔になる。それをトップが見極めねばならない。新しい世代にチャンスを与える。

あとは戦略。まず一番に社会の変わり目を見ておくこと。時代が変わってきている。それを読んでいかねばならない。

この道一筋、頑固一徹ではダメ。この道一筋というのが、福祉の世界では評価されるんだけど、複数、多くのところに、道をもつ。多様性をもつ。この前病院でも、ドクターたちに講義したら、最後は、メモを取りはじめたよ(笑)。一所懸命というけれど、そうではなく、異所懸命。複数のところで懸命にやらなあかん。そういう発想をもたなくてはね——。

本書出版にあたって

播磨靖夫は2024年10月3日に82歳の生涯を終えました。5月に病気の治療のために入院。そこから本書の制作がはじまり、播磨の自宅療養期間に何度かのやりとりを経て、没後に完成しました。

播磨は日本が高度成長期だった1970年代、新聞記者として障害のある子どもたちのキャンプを取材したことを機に、障害のある人のことを社会に知ってもらうキャンペーン報道を行い、ジャーナリストの立場で問題に関わることを決めました。

その後奈良に赴任し、明日香養護学校に通う子どもとそのお母さんたちと出会い、新聞社をやめ、たんぽぽの家という拠点をつくり、障害のあるなしにかかわらずだれもが生きやすい社会をつくるための運動に取り組んでいきました。

そこから50年、わたぼうし音楽祭、エイブル・アート・ムーブメント、ケアする人のケア、Good Job! プロジェクトと、常に福祉や社会に新しい視点を投げかけ、ネットワークを広げ、出会った人たちとの化学反応から思想もたんぽぽの家の事業も変化させてきました。

そんななかで通底していたのは、これからを生きる人に対して投資をする社会でなければならないということでもありました。

この春に自身の病気がわかってから、2023年に女子美術大学で行った講義をもとに本をつくりたいと言い出したのも、若い人たちに対してのメッセージを残したいという思いがあったからではないかと思います。

最終講義は女子美術大学教員の野呂田理恵子さんによるお声がけで行われました。受講生はアート・デザイン表現学科の1年生全員。140人ほどがオンラインで受講しました。不慣れな操作でPCの画面に向かって伝えた内容は、何十ページもの束のような感想文となって、大きな手応えとして戻ってきました。この感想文を入院中も病室に持ちこみ、大切に読んでいました。

この講義は本人としては完璧とは言えないが、人前で長く話す最後の機会になったこと、これからを担う学生になにかしら響いた手応えがあることから、本の構成は、講義内容を幹にしたいと考えました。

講義以外の章は、過去にメディアで執筆した論考からピックアップ。最終章ではジャーナリスト時代の記事まで遡り、エイブル・アートだけではない、播磨の時代と社会を見通す視線の原点を紹介しています。

出版にあたっては、Good Job! プロジェクトの発信や Good Job! センター香芝の立ち上げにもかかわってくれた、デザイナーの原田祐馬さん、編集者の多田智美さんらが立ち上げた出版社どく社からの出版を希望し、プロジェクトは実現に向けて進みました。また、播磨は「たんぽぽの家の若いスタッフに関わってもらいたい」と言い、再掲載する原稿のテキスト化をスタッフに依頼しました。「出版は一人ではできないから、感謝している」と何度も言いながら、本の校正を行い、出版を楽しみにしていました。

5月末に退院して約4ヵ月を自宅で過ごし、ときには親しくしている人たちを招き、本の話をし、社会の話をし、お酒も飲みながら、ほんとうに最期まで播磨らしく過ごしました。また、原稿の整理を手伝ってくれたスタッフを招いてお礼を伝えたいとお茶会を予定していました。播磨は、出版にもお茶会にも間に合わずに亡くなりました。しかし、いつも語ってくれていた言葉や過ごしていたようすが伝わるような本が出来上がりました。

本書はエイブル・アート・ムーブメントを提唱した播磨の言葉を残していますが、思想家、運動家といった枠を超え、ひとりの多様で魅力的な人間としての播磨靖夫が浮かび上がってきます。自らの思考と行動をとおして、出会った人の夢をかたちにすることをしつづけた人生でした。その思いにぜひ心を寄せていただければ幸いです。

2024年11月19日

たんぽぽの家 岡部太郎、森下静香

解説

播磨さんの達観

鷲田清一（哲学者）

いちど新幹線で同じ車両に乗り合わせたことがある。ともに仙台からの帰り。隣の席が空いていたので、播磨さんと並んでの旅となった。思いがけない再会に心が躍り、話もはずんだ。どんな流れだったか思い出せないが、播磨さんが口にされたこんな言葉が今もあざやかに耳に残っている。――「遠いところ、弱いところ、小さいところに種があるのです」

「ところ」を三度畳みかけるその口調がとても印象的だった。そういう言葉の気配の理由が、播磨さんが遺してくれたこの「最終講義」を読んで腑に落ちた。力で、それも恫喝としてのみならずときに真綿のように、わたしたちに何かを強いてくるものへの反撥と怒り、そしてそれと奇妙に共存する彼独特の人なつっこさと達観。これが「ところ」の三度の反復のなかに充満しているのだ。

それは、「ラディカルに考え、リアルに実践する」という播磨さんのモットーとも共振している。ラディカルはもともと「根」(radix)というラテン語に由来するので「根源的」と訳されるが、播磨さんはその根源的なものはつねにマージナル(周縁的)な場所にあるとし、そこから行動の指針も打ち出していった。「中央に、真んなかに根源的なものはない」というのだ。

このモットーは憎いくらいに面白い。播磨さんのいうラディカルな思考とリアルな実践を結びつけているもの、それをわたしなりに解すれば、「地」をめぐる三つのもの、つまり、根を掘ることと、地べたを這うことと、地方を回ることとの三つである。

播磨さんはアートをとおしての障害者支援の活動のなかで、生きていることの意味を、あるいはアートと社会の関係を、いつもその根底から問いただす(播磨さんは思想系の本を好んで読む)。福祉事業においても行政にすべてを託すのではなく、じぶんたちが力を合わせて担い、また資金も賢く、たくましく集める。そういう力と知恵は社会の中心から外れた場所にこそ蓄えられていると考え、地域の現場を回ってその開発を提案する。

この背景にあるのは、障害者の自立支援とは、独り立ち、すなわち非依存を促すのではなく、困ったときに当事者がいつでも使える相互依存《インターディペンデンス》のネットワークを用意しておくこと、そういう意味で、障害のあることがもはや負の価値とはならないような社会のあり方があたりまえに成り立っていることをめざすものだという信念だ。

播磨さんは、ケアとアートの切り結ぶところがこれからの社会のポイントの一つだと、だれよりも早く直感して活動を始めた人だ。たんぽぽの家、わたぼうしの会、エイブル・アートの運動と、どの活動にあってもその場所を、サービスではなく社会変革の拠点にしたいと思ってきた。そこでは「慈善」ではなく、障害者の表現活動を「仕事」に作り替えてゆくことがめざされ、じっさいに「Good Job! プロジェクト」として実現していった。そうした活動をつうじて新しい社会性のイメージをたぐり寄せようとした。その作業にあっても播磨さんはとてもラディカルで、この本にも出てくるように、「今日の芸術は、うまくあってはならない。きれいであってはならない。ここちよくあってはならない」という岡本太郎の言葉をよく口にした。ちなみにこの三連発の「ならない」、播磨さんの三連続の「こころ」とどこか調子が似ている。

「最終講義」のなかではさらにもう一つ、大事な信念が披瀝されている。「池つくりて月自ずから来る」――自ら池をつくっていけば、月はおのずとそこへ映るものだという信念だ。そういう場づくりこそじぶんの仕事で、それを創っておけば、おのずと「運」も舞い込んでくるというのだ。これはなんとも播磨さんらしい楽観もしくは達観というべきもので、だからこの人のそばにいると最後は何でも実現できそうな気になってくる。「ケアする人をケアする」というその活動のコンセプトにあるように、播磨さんはだれにも元気の素を分け与える人だった。何にも囚われない「自由」と、つねに他人のことを先に案じる「気前のよさ」という二重の意味で、とてもリベラルな人だった。

著者紹介

播磨靖夫（はりまやすお）

1942年、台北生まれ、兵庫県宝塚市出身。毎日新聞社記者を経て、フリージャーナリストに。一般財団法人たんぽぽの家理事長、社会福祉法人わたぼうしの会理事長として、障害のある人たちの生きる場「たんぽぽの家」づくりを市民運動として展開。アートと社会の新しい関係をつくる「エイブル・アート・ムーブメント（可能性の芸術運動）」を提唱し、障害のある人による芸術表現活動隆盛の礎を築いた。1999年より「ケアする人のケア」プロジェクト、2006年からは「アートミーツケア学会」を立ち上げるなど、ケアの文化の創造を目指す。2012年からは、障害のある人のあたらしい働き方や仕事づくりを提案する「Good Job! プロジェクト」を展開し、2016年に「グッドデザイン賞」金賞を受賞するなど、福祉の可能性を切り拓いた。同年、「Good Job! センター香芝」を立ち上げ、2017年に「奈良県景観デザイン賞」知事賞・建築賞および「グッドデザイン賞」ベスト100を受賞。日本ボランティア学会副代表、日本障害者芸術文化協会（現特定非営利活動法人エイブル・アート・ジャパン）常務理事、特定非営利活動法人日本NPOセンター代表理事、公益財団法人パブリックリソース財団顧問、芸術とヘルスケア協会代表理事、アートミーツケア学会常務理事などを務める。平成21年度芸術選奨文部科学大臣賞（芸術振興部門）受賞、令和4年度文化功労者（芸術振興）。2024年10月3日逝去。

人と人のあいだを生きる
最終講義 エイブル・アート・ムーブメント

初版第1刷発行　2025年1月25日

著者　播磨靖夫

発行人　末澤寧史・多田智美・原田祐馬

発行所　株式会社 どく社
〒540-0031 大阪府大阪市中央区北浜東1-29 5F
Tel/Fax 06-7777-4828
https://dokusha.jp　info@dokusha.jp

—

協力　たんぽぽの家
編集　どく社編輯室（多田智美・末澤寧史）
装幀　どく社装幀室（原田祐馬）
デザイン　原田祐馬・西野亮介・山副佳祐 [UMA/design farm]
装画　山野将志／エイブルアート・カンパニー
数字書体　松本悟（扉、ノンブル）
写真　濱田英明（p.2〜6）、大林直行（カバー袖・帯袖、p.47）、岡部太郎（p.185）
流通　どく社流通室（梶井直史）
印刷　ベクトル印刷株式会社

 ISBN 978-4-910534-08-4 C0036

用紙　カバー：テイク GA-FS　四六判横目 110kg
帯　：色上質　びわ　特厚口
表　紙：OK エルカード＋　四六判縦目 31kg
見返し：NT ラシャ　黄色　四六判横目 100kg
本　文：b7 トラネクスト　四六判横目 64.5kg／オペラクリアマックス　四六判横目 62kg

好評2刷

学校の枠をはずした

東京大学「異才発掘プロジェクト」の実験、凸凹な子どもたちへの50のミッション

東京大学先端科学技術研究センター中邑研究室／編

定価 本体2,200円（税込） 四六変形判・並製・192頁 ISBN 978-4-910534-00-8 C0037

画一的な学校にはなじまないけど、突き抜けた「好き」を持つ小中学生に学びの場を提供してきたプロジェクトの軌跡を通じて、学びの本質を伝える1冊。養老孟司さん、平田オリザさん、山崎直子さんなど活動を応援する著名人34人の名言溢れるコラムも掲載。

好評4刷

「能力」の生きづらさをほぐす

勅使川原 真衣／著 磯野 真穂／執筆伴走

定価 本体2,200円（税込） 四六判・並製・264頁 ISBN 978-4-910534-02-2 C0095

ときは、2037年。急降下した上司の評価で病める息子を救うため、死んだはずの母さんがやってきた!? 移ろいがちな他人の評価が、生きづらさを生む能力社会。組織開発の専門家で、ガン闘病中の著者が、そのカラクリを親子のストーリー仕立てでときほぐす。

好評2刷

失われた創造力へ

ブルーノ・ムナーリ、アキッレ・カスティリオーニ、エンツォ・マーリの言葉

多木 陽介／編訳著

定価 本体3,300円（税込） 四六変形判・上製・112頁 ISBN 978-4-910534-04-6 C0070

つくる・育む、すべての人へ。アキッレ・カスティリオーニの思想を日本に紹介したローマ在住の批評家・多木陽介が、デザイン界の巨匠の言葉に、これからの創造力を導く思想を探る。完全新訳。「好奇心がないようなら、おやめなさい」
—アキッレ・カスティリオーニ

好評発売中

あしたの風景を探しに

馬場 正尊／著

定価 本体3,300円（税込） 四六変形判・並製 仮フランス装・424頁
ISBN 978-4-910534-06-0 C0052

リノベーション・ムーブメントを牽引した「東京R不動産」の立ち上げをはじめ、新領域への越境をつづけてきた“風景の建築家”は今日も世界を右往左往!? 働き方と生き方をめぐる思考と記憶の雑想記。「先が見えない」を愉しみたいすべての人へ贈る1冊。